碳规制的
家庭经济福利效应研究

陈　昕◎著

中国财经出版传媒集团

经济科学出版社
Economic Science Press

·北 京·

图书在版编目（CIP）数据

碳规制的家庭经济福利效应研究／陈昕著 . -- 北京 ：
经济科学出版社，2025. 4. -- ISBN 978 - 7 - 5218 - 6766 - 4

Ⅰ. F063. 4

中国国家版本馆 CIP 数据核字第 2025MC3470 号

责任编辑：梁含依　胡成洁
责任校对：蒋子明
责任印制：范　艳

碳规制的家庭经济福利效应研究
TANGUIZHI DE JIATING JINGJI FULI XIAOYING YANJIU
陈　昕　著

经济科学出版社出版、发行　新华书店经销
社址：北京市海淀区阜成路甲 28 号　邮编：100142
经管中心电话：010 - 88191335　发行部电话：010 - 88191522
网址：www. esp. com. cn
电子邮箱：espcxy@ 126. com
天猫网店：经济科学出版社旗舰店
网址：http：//jjkxcbs. tmall. com
北京季蜂印刷有限公司印装
710 × 1000　16 开　11. 5 印张　210000 字
2025 年 4 月第 1 版　2025 年 4 月第 1 次印刷
ISBN 978 - 7 - 5218 - 6766 - 4　定价：58. 00 元
（图书出现印装问题，本社负责调换。电话：010 - 88191545）
（版权所有　侵权必究　打击盗版　举报热线：010 - 88191661
QQ：2242791300　营销中心电话：010 - 88191537
电子邮箱：dbts@ esp. com. cn）

　　本书由"河北省社会科学院学术著作出版资助项目"资助。本书为河北省社会科学院2024年度智库项目研究课题"碳排放权交易政策的家庭经济归宿研究"（项目编号：RC2024051）研究成果。

前言
Preface

当前全球气候变化给人类的生存与发展带来严峻威胁，我国非常重视对气候的治理，2020 年 9 月 22 日，习近平主席在第七十五届联合国大会上郑重宣布，力争在 2030 年前二氧化碳排放达到峰值，在 2060 年前实现碳中和，这是我国在生态文明建设和人与自然和谐共生的更高层次发展理念下对应对气候变化以及促进高质量发展提出的新要求。近年来，我国紧密围绕碳达峰碳中和（以下简称"双碳"）的目标，实施了以碳排放权交易为核心的市场型碳规制政策，旨在借助市场机制更高效地节能降碳并向绿色低碳转型，该政策成为促进"双碳"目标达成的重要碳规制工具。实现"双碳"目标是一场广泛而深刻的变革，随着碳达峰的时间日益临近，我国降碳压力日趋增大，增强碳规制的力度虽然可以加快减排降碳步伐，但不可否认的是，高强度的碳规制会对社会经济造成一定影响，如果碳规制引发的经济成本被层层转嫁，最终归宿在微观家庭层面，也可能对家庭的经济福利和社会公平产生影响。在人与自然和谐共生的理念下处理好生态环境与居民福祉的关系是实现永续发展的必要条件。在我国力争早日实现"双碳"目标的同时，扎实推进共同富裕也是一项重要的发展任务。因此，"双碳"目标下实施的碳规制政策必须要兼顾家庭的经济福利。

基于以上背景，本书将从微观家庭的视角研究"双碳"目标下实施的碳规制政策对家庭经济福利的影响，着重厘清我国在"双碳"目标下所实施的碳规制政策与家庭经济福利之间的关系，明确碳规制政策影响家庭经济福利的主要途径，明晰碳规制政策的家庭经济福利效应在不同群体之间是否存在差异，以及是否进一步对收入不平等产生了影响，并探索实施碳规制政策之时可以提升家庭经济福利的可行配套财税政策方案。本书的研究不仅可以从理论层面阐明碳规制与微观家庭经济福利之间的关系，还能够给出我国在"双碳"目标下实施碳规制政策对家庭经济福利产生影响的实践证据，也有利于发掘促进"双碳"与共同富裕协同共赢的政策突破口，具有重要的理论意义及现实意义。

本书第一章是绪论，主要介绍研究背景、理论意义与实践意义，界定书中碳规制、家庭经济福利等核心概念，梳理本书的研究思路，总括本书的研究内容及研究方法，剖析本书的创新与不足之处。

第二章是文献综述。本书围绕碳规制影响家庭经济福利的核心议题，首先，梳理了关于碳规制影响家庭收入及家庭消费的相关文献；其次，对碳规制影响家庭之间收入不平等的相关研究进行整理；再次，从优化碳规制政策体系以及提升家庭经济福利的角度出发，归纳了当前国内外通过各项财税政策支持碳规制来提升家庭经济福利水平并改善收入不平等状况的作用效果；最后，对当前研究进展进行评述，并分析可进一步拓展的研究方向。

第三章是碳规制的典型化事实。本书从以"政府管理"为核心的发展阶段和以"市场化"为核心的发展阶段对我国碳规制的发展历程进行了系统性梳理，分析了"双碳"目标下我国"市场化"碳规制政策的发展趋势。此外，借助相关数据，本书对我国"双碳"目标下碳规制政策的实施强度、减排成效和实施效率进行分析。研究表明，借助市场机制可以让碳规制政策发挥更大的减排效能，以碳排放权交易为核心的市场化碳规制政策将成为推动企业绿色低碳发展的重要措施，是促进高质量发展的中坚力量，也是实现我国"双碳"目标的核心碳规制政策工具。从碳规制政策的实施情况来看，当前我国碳规制政策的实施强度适中，减排效果较为显著。但是从碳规制政策的效率来看，省份之间、区域之间和区域内部的碳规制政策效率水平相差较大，为满足碳达峰、碳中和的需求，部分地区碳规制政策的实施效率有待优化。

　　第四章是理论分析。本书通过局部均衡分析阐释了碳规制影响家庭经济福利的理论机理，构建两部门、双要素的一般均衡模型，以我国"双碳"背景下实施的碳排放权交易的"市场化"碳规制政策为例，对碳规制政策影响家庭经济福利的效应进行理论分析。研究发现，碳排放权交易政策在市场机制下不仅会对高碳企业和低碳企业产品的价格产生影响，也会对资本和劳动要素的价格产生影响。对家庭而言，家庭通过劳动和资本要素获取收入，会因碳规制影响要素价格进而对家庭收入产生影响，即碳规制对家庭经济福利的收入端影响；家庭购买商品以满足全家的消费需求，会因碳规制影响各类产品价格进而对家庭消费产生影响，即碳规制对家庭经济福利的消费端影响。此外，在家庭具有异质性的假设下，碳规制对不同家庭的经济福利的影响程度存在差异，如果将碳规制对家庭经济福利的影响进行货币化度量来测度碳规制的经济归宿，则在家庭收入扣减或增加碳规制经济归宿后，碳规制还会因改变了家庭最终收入而进一步影响收入不平等。但在不同假设条件下，碳规制影响要素和产品价格的方向不同，因此碳规制对家庭经济福利的影响以及对收入不平等的影响的最终方向无法确定。

　　第五章是碳规制对家庭经济福利收入端影响的分析。本书借助倾向得分匹配和双重差分模型评估碳排放权交易试点政策对家庭各项收入和总收入的影响，并进一步从区域、城乡、家庭特征的角度分析群体间的异质效应。结果显示，从各项收入来看，碳排放权交易试点政策对家庭工资收入有显著的负向影响，对家庭经营收入有显著的正向影响，对其他类别的收入不存在显著影响。从家庭总收入来看，碳排放权交易试点政策对家庭总收入具有显著的提升作用，且该正向影响具有长期性和稳定性。从异质性分析的结果来看，碳规制对家庭经济福利收入端的影响在区域、城乡、不同收入群体，以及具有不同就业行业特征的家庭之间均有显著的异质效应。

　　第六章是碳规制对家庭经济福利消费端影响的分析。本书首先利用投入产出模型计算了碳规制对不同消费品价格的影响，其次基于二次近乎完美需求系统模型估计了家庭的需求弹性，以反映受价格变动的影响后家庭需求份额的调整情况，最后测算了在实施碳规制政策后，消费端家庭经济福利的变化情况。结果显示，碳排放权交易政策给企业排放二氧化碳赋予了碳价，在市场机制下导致所有商品的价格都有不同程度的上涨，在家庭预算收入不变的前提下，碳规制引发的消费端家庭经济福利变化体现为福利损失。福利损失占家庭总支出的比重在所有家庭中呈"J"型分布状态，表明对于人均支出处于中等水平的家庭而言，碳规制的消费端效应相对较小。此外，城乡对比的结果显示，在家庭人均支出水平较低时，农村的经济福利损失占家庭总收入的比重低于城镇，在家庭人均支出水平较高时，农村家庭经济福利损失占家庭总收入的比重高于城镇。

第七章是碳规制的经济归宿及对收入不平等的影响研究。首先，本书将碳规制的收入端效应与消费端效应相结合，测度了碳规制在家庭层面的经济归宿；其次，借助税收 – 收益归宿分析方法探究碳规制政策对收入不平等的边际贡献；最后，采用情景模拟分析方法，从减少个人所得税、企业所得税和增加政府对家庭的补助三个角度出发，探讨不同财税政策支持碳规制提升居民福祉和降低收入不平等的效果。研究发现，将碳规制对家庭经济福利的收入端影响和消费端影响结合在一起后，碳规制对家庭经济福利的总体影响即为碳规制在家庭中的经济归宿。随着家庭总支出水平的提高，碳规制的家庭经济归宿越大，造成的家庭经济福利损失程度也越大。对收入不平等边际贡献的结果显示，实施碳规制将扩大收入不平等，且在农村地区和低收入群体中扩大收入不平等的程度相对更大。情景模拟分析结果显示，减免企业所得税结合碳规制政策，以及增加政府补助结合碳规制政策的财税支持方案均可以提升家庭经济福利并缩小由碳规制引发的收入不平等，能够在促进实现"双碳"目标时兼顾居民福祉，而减免个人所得税结合碳规制的方案可以显著增加家庭经济福利，但无法降低收入不平等。

第八章是研究结论与政策启示。基于理论分析与实证研究的结果，本书概括性地总结了主要结论，并针对研究过程中发现的问题提出政策建议及未来研究展望。

本书有三方面的创新。

第一，研究视角的创新。在"双碳"目标下，针对碳规制的分析多从如何优化碳规制政策以更有效地减少二氧化碳等温室气体排放的视角展开，也有研究探讨碳规制对宏观经济增长、企业经营生产行为等可能造成的影响，却鲜有学者从微观家庭的视角分析碳规制对家庭经济福利的影响。因此，本书在前人研究的基础上，将对碳规制的研究深入到家庭层面，从微观家庭的视角分析碳规制政策可能产生的经济效应。

第二，理论模型的创新。根据我国在"双碳"目标下实施的碳规制政策及未来的施策趋势，本书以碳排放权交易制度为例构建理论模型，探讨碳规制对家庭经济福利的影响及影响途径；此外，将家庭部门扩展为异质性的家庭，从而在分析碳规制影响异质性家庭的经济福利的基础上，进一步分析碳规制对家庭间收入不平等的潜在影响。本书还讨论了通过制定减轻家庭税负或增加政府补助的财税政策支持碳规制提升家庭经济福利的可行方案。

第三，研究方法的创新。已有研究多基于碳规制对家庭经济福利消费端的影响测度碳规制在家庭中的经济归宿，本书将在消费端影响的基础上加上收入端的影响，对碳规制在家庭中的总体经济归宿进行测度，从而更好地描述碳规制影响家庭经济福利的总体情况。此外，本书还借鉴税收－收益归宿分析方法，基于碳规制的家庭经济归宿测度结果进一步分析碳规制对收入不平等的影响，以避免出现兰伯特难题（Lambert Conundrum）现象。

目 录
Contents

第一章　绪　论

第一节　研究背景与研究意义

一、研究背景

人与自然和谐共生是实现永续发展的必然选择，也是建设美丽中国的目标。然而，过去以牺牲生态环境为代价的粗放式增长使全球生态系统遭到破坏，人类的生产、生活活动导致全球气候逐渐恶化，所引发的极端气候给居民生活乃至生存都带来严重影响，也进一步制约了经济发展。《中国气候变化蓝皮书（2024）》显示，全球变暖趋势仍在持续，我国地表平均气温、沿海海平面高度等多项气候变化指标均打破以往的观测纪录，我国面临着应对气候变化的巨大挑战。对此，在习近平生态文明思想的指引下，我国积极倡导向绿色发展模式转变，强化气候治理，以期为应对全球气候变化贡献中国力量，也让中国在低碳经济的促进下实现绿色高质量发展。

应对气候变化关乎最广大人民的根本利益，因此，我国长期致力于全球气候治理，在1992年签署《联合国气候变化框架公约》，1998年签署《京都议定书》，2012年多哈会议后，中国接受了《〈京都议定书〉多哈修正案》，积极降低二氧化碳的排放增量，2016年签署《巴黎协定》，对2020年后如何应对气候变化做出了具体安排。30余年的气候治理历程彰显了作为大国的责任与担当。伴随着全球气候治理压力日渐增大，我国应对气候变化的治理力度逐渐增强。2020年9月22日，习近平主席在第七十五届联合国大会一般性辩论上的讲话中提到："中国将提高国家自主贡献力度，采取更加有力的政策和措施，二氧化碳排放力争于2030年前达到峰值，努力争取2060年前实现碳中和"①，这是我国在生态文明建设和人与自然和谐共生的更高层次发展理念下应对气候变化以及促进绿色高质量发展提出新的要求。为加快应对气候治理减排降碳的步伐，近年来我国紧密围绕碳达峰碳中和（以下简称"双碳"）的目标，多种减少二氧化碳排放的碳规制措施并举，加大节能降碳力度，虽然在效率方面可以有效减少碳排放并降低高污染的化石能源消耗，但也会对经济社会造成一定影响。

在"双碳"目标下，碳规制促使二氧化碳排放量相对较高的行业向绿色低碳转型，在此过程中，伴随着经济结构绿色转变，不仅需要产业结构升级，还需要调整能源结构、优化交通运输结构、提升生产及降碳技术、改善消费模式，势必会产生转型的经济成本。虽然诸多碳规制政策面向高耗能、高污染的企业实施，但受管制的企业可能通过价格机制将增加的管制成本部分转移给其他企业或转嫁给家庭，在经历层层转嫁后，由碳规制产生的经济成本将由生产者和消费者共同负担。最终，"双碳"目标下实施的碳规制政策虽然会大幅减少二氧化碳的排放，但如果碳规制的经济成本归宿在微观家庭层面，则可能对家庭的经济福利产生影响。当前以"双碳"为背景的研究较多聚焦于如何更有效率地减少碳排放并促进经济增长，也有部分研究分析我国碳规制政策对企业生产、经营行为的影响，但是鲜有研究以微观家庭为对象探索碳规制对家庭经济福利的影响。

在中国共产党第二十次全国代表大会报告中，习近平总书记指出"治国有常，利民为本""必须在发展中保障和改善民生""要实现好、维护好、发展好最广大人民的根本利益"②，因此，增进民生福祉是发展的核心要义。在我国力争早日实现"双碳"目标的同时，扎实推进共同富裕是重要的发展任务之一，也是社会主义的本质要求。为实现共同富裕目标，我国强调要增加低收入者收入，扩大中等收入群体，因而，我国在"双碳"目标下实施的各项碳规制政策要尽可能避免对低收入家庭和中等收入家庭产生不利影响，也要防止进一步扩大居民间的收入差距。然而，根据域外已实施的市场化碳规制政策的效果来看，某些国家在实施碳税或碳排放权交易政策后，对部分家庭的收入和消费产生了负面冲击，而且从不同收入群体家庭经济福利变化程度的分布状况来看，对低收入家庭的不利影响甚于高收入家庭，从而加剧了家庭间的收入不

---

① 习近平. 习近平主席在第七十五届联合国大会一般性辩论上的讲话（全文）[DB/OL]. 新华网，https：//www.xinhuanet.com/world/2020-09/22/c_1126527652.htm。

② 中国共产党第二十次全国代表大会报告［R］. 中国政府网，https：//www.gov.cn/xinwen/2022-10/25/content_5721685.htm。

平等状况。域外市场化碳规制措施对家庭经济福利的影响效应为我国在"双碳"目标下碳规制政策的优化改革提供了经验借鉴和警示作用，即不能在提高减排效率之时忽视碳规制对家庭经济福利的影响。

鉴于此，在"双碳"目标和共同富裕目标协同的现实背景下，亟须深入探究我国的碳规制政策对微观家庭经济福利的影响效应，以及对不同收入水平家庭之间收入不平等的影响情况，以规避对家庭经济福利造成潜在的不利影响，从而既可以实现通过碳规制政策减少二氧化碳排放的目的，促进绿色低碳转型等"双碳"目标的达成，又可以避免对家庭经济福利产生负向影响并助力共同富裕目标早日实现。为了在"双碳"目标下实现减排效率提升以及促进公平效应，积极推进实现"双碳"目标与共同富裕目标的双赢协同发展，有必要分析我国碳规制政策对微观家庭经济福利的影响效应。

本书的研究旨在探索我国实施的碳规制对家庭经济福利中收入端的各项家庭收入将会产生何种影响？碳规制对家庭经济福利中消费端的家庭消费将会产生何种影响？对于不同收入水平的家庭而言，在受到碳规制的影响后，归宿在家庭中的碳规制成本负担可能会改变家庭经济福利，家庭福利的变化程度是否在群体间存在差异，经济福利的变动在不同收入群体间的分布呈累进性、累退性，还是呈比例变化？碳规制的实施是减缓了家庭间的收入不平等还是加剧了收入不平等？可以通过哪些措施完善我国的碳规制政策体系，从而在"双碳"目标下，使我国的碳规制政策既可以推动减排降碳、加速向绿色转型，又能够提高家庭经济福利，降低家庭间的收入不平等，并得以与共同富裕目标协同发展？在当前我国的现实背景和社会发展需求下，有必要从微观家庭视角探究这些问题，通过理论研究探索碳规制影响家庭经济福利的路径，通过实证研究发掘我国碳规制政策实施过程中的潜在问题并提供可行的优化措施，从而避免"双碳"目标与共同富裕目标相背而行、顾此失彼的局面发生。因此，本书将对碳规制的家庭经济福利效应进行深入研究。

二、研究意义

碳规制政策是促进节能降碳和向清洁能源转型的重要手段，也是应对气候变化、加速实现中国"双碳"目标的必行措施。与此同时，增进民生福祉，提高人民生活品质是我国发展的核心目的，实现共同富裕是社会主义的本质要求。2021年10月27日，国务院新闻办公室发布的《中国应对气候变化的政策与行动》白皮书中提到，探索应对气候变化和发展经济、创造就业、消除贫困、保护环境的协同增效，在发展中保障和改善民生，在绿色转型过程中努力实现社会公平正义，增加人民获得感、幸福感、安全感。这表明，不仅需要依靠碳规制政策推动绿色低碳发展，还应站在人与自然和谐共生的高度探索实现"双碳"目标和推进共同富裕共赢的可行路径。其根本之道在于厘清我国在"双碳"目标下所实施的碳规制政策与家庭经济福利之间的关系，明晰碳规制影响家庭经济福利的主要途径，明确碳规制的家庭经济福利效应在不同群体中是否存在差异，从而探索实施碳规制之时能够提升家庭经济福利的可行方案。因此，研究碳规制对家庭经济福利的影响具有重要的理论意义及现实意义。

从理论方面来看，碳规制政策是"双碳"目标达成的必要手段，虽然许多研究表明碳规制政策在减少温室气体及相关污染物排放方面是有效率的，但是在提升减排效率的同时还需要注重碳规制政策对社会经济产生的其他方面的影响。以往研究大多关注碳规制政策对宏观经济增长和微观企业行为所产生的影响效应，较少涉及碳规制对微观家庭的分析，更少有研究从理论上明晰碳规制如何对微观家庭经济福利产生影响。政府要绿，百姓要利，绿色低碳转型和提升居民福祉都是中国式现代化进程中绿色高质量发展重点关注的核心问题。因此，本书将构建理论模型，试图从理论层面阐明碳规制与微观家庭经济福利之间的关系，不仅分析碳规制如何对家庭经济福利水平产生影响，还进一步探讨碳规制在家庭中的经济归宿所引起的家庭间经济福利水平变化而导致的收入不平等效应。这是在"双碳"目标下提升碳规制减排效率的基础上，更进一步地分析碳规制在微观家庭层面的公平效应，对探索碳规制政策在效率与公平之间的平衡点具有重要的理论意义。

从现实意义来看，一方面，我国在"双碳"目标下所实施的碳规制政策主要面向高污染、高碳排放的企业，由于存在价格的传导机制和管制负担的转嫁机制，受管制企业会将碳规制带来的成本层层转嫁至家庭，但碳规制政策对家庭经济福利的影响方向和影响程度具有不确定性。此外，我国家庭之间存在诸多差异，如消费偏好、收入水平、收入结构、地理区位等，都将导致碳规制政策对不同家庭经济福利的影响方向和程度不同，一旦碳规制政策使低收入家庭的经济福利损失大于高收入家庭的经济福利损失，或低收入家庭的经济福利收益小于高收入家庭的经济福利收益，则会出现碳规制恶化家庭之间的收入不平等的情况，此结果与共同富裕目标相悖。因此，基于微观家庭的视角，结合理论模型和实证方法分析我国碳规制政策的家庭经济福利效应，深入了解我国的碳规制政策在实施过程中对微观家庭所造成的潜在影响，有利于发掘促进"双碳"目标和共同富裕目标协同双赢的政策突破口，使本书的研究具有政策优化的实践意义。

另一方面，诸多实施了碳税或碳排放权交易等市场化碳规制政策的域外国家经验表明，如果实施的碳规制政策对微观家庭经济福利的负面影响较大，相关政策举措的公众接受程度便会大幅降低，公众的反对呼声持续高涨将导致碳规制政策不得不中止从而失败（Maestre-Andrés S et al.，2019）。由于"双碳"目标中的碳达峰要在2030年前实现，当前的减排时间较为紧迫，减排任务艰巨，因此，现阶段的碳规制强度较以往更大，对微观家庭经济福利水平的影响以及在不同群体之间收入不平等的影响更不容忽视，如造成了不利后果，则需设法规避碳规制造成家庭经济福利的损失和家庭之间收入不平等状况的进一步恶化，甚至还需要扭转碳规制引起的不良局面。因此，在以人为本的发展理念下，应尽可能降低对家庭经济福利的不利影响，尤其是对低收入家庭和中等收入家庭的影响，还要积极探索能够提升居民福祉和减少收入不平等的碳规制政策体系，并提高公众对"双碳"目标下各项碳规制政策的接受程度，从而有助于在微观家庭层面响应绿色低碳的号召，形成全民参与的绿色低碳行动，助力"双碳"目标达成。

第二节　主要概念界定

一、碳规制

在公共经济学中外部性是非常重要的概念，若某一经济主体的行为产生负的外部效应则会对其他经济主体的福利产生不利影响，例如企业排放污染物会影响其他企业的生产活动和利润，也会影响周围居民的健康状况和福利水平，这种外部性的存在会使竞争性均衡不再是帕累托有效（Hindriks J and Myles G D，2006）。环境资源具有相对稀缺性和公共物品的特性（赵敏，2013），产权的界定不够明晰，因此，各国的企业或居民并不会主动耗时耗力耗成本地处理污染物，废水、废气、固体废物将会大量排放，不仅严重危害居民健康，还破坏了生态系统，生态环境逐渐恶化将制约企业和国家的经济发展，从而导致经济增长——污染生态环境——制约增长的恶性循环。由于环境资源的产权界定一直是难以解决的问题，市场中的行为主体在最大化各自利益的目标下不愿付出额外的成本来减少污染物在公共环境中的排放，即存在市场失灵，因此，有必要通过政府制定环境规制政策以解决环境污染外部性这一市场失灵问题，通过环境规制政策对污染排放行为进行约束管制，从而给排污行为所产生的负外部性赋予一定的成本代价，在一定程度上抑制污染程度的加深。

环境规制的概念较为宽泛，其规制内容包括空气污染、水污染、固体废料、噪声污染、光污染等，而碳规制是环境规制中的细分概念，主要是对以二氧化碳为主的温室气体的排放进行管制。许多国家制定不同的碳规制政策工具，但总体而言，碳规制政策工具可以分为两大类，一类是以"政府管理"为主的碳规制政策，主要是以政府为主导，通过颁布政策、法规、条例等手段对二氧化碳等温室气体的排放进行控制，例如制订温升控制目标、设定大气温室气体的浓度指标等约束性指标，这种以政府管理为主的碳排放约束方式在我国实施了相对较长的时间，根据中央政府设定的减排降碳总体目标，各省市地方政府根据自身情况进一步细化落实，起到了一定降碳减排的效果，但不可否认的是，对于政府管理为主的碳规制政策而言，其降碳效率相对较低，各层级政府耗费大量人力、物力和财力才能达到低碳目标，但如此强制性的规制手段会引起被规制企业的不满情绪，无法较好地激励被规制企业自主减排和技术创新。另一类碳规制政策工具是以"市场化"为主的碳定价机制，主要采用碳税或碳排放权交易制度，在将二氧化碳排放行为市场化后，碳规制政策赋予了碳排放行为明确的排放成本，通过市场碳价信号激励受规制企业自主选择降碳减排的决策，不仅可以达到减排的目的，还可以激励企业为节能减排而创新，相较于第一类碳规制方式更具成本效率。此外，市场化的碳规制政策还能起到一定的技术创新效应和就业创造效应，有利于促进经济绿色高质量发展，从长远来看，可以促进实现经济增长与碳排放脱钩，助力生态环境改善与经济持久增长的有益循环。

基于庇古税的思想，碳税主要是依据政府设定的税率，直接针对二氧化碳等温室气体排放量进行征税，或对含碳量较高的能源、燃料进行征税，该政策于 20 世纪 90 年代初陆续在芬兰、挪威、美国、澳大利亚、荷兰等近 30 个国家和地区实施。而碳排放权交易制度是由政府确定一段时间内二氧化碳排放的总量，通过向纳入控排的高排放高污染企业以免费或拍卖的形式发放一定数量的可交易的碳排放权，在碳排放权限范围内可以排放二氧化碳，如果超出权限数量，则需要停止排放或从其他企业购买碳排放权继续排放，如果企业改进技术后有剩余的碳排放权，可以在碳排放交易市场中将其售卖从而获取收益。如此便可以对企业二氧化碳等温室气体的排放行为进行约束，企业可以在利润最大化的驱动下，根据其二氧化碳排放的实际需求在碳排放交易市场中依照相关规则自行买卖碳排放权。由于控制了二氧化碳排放总量，碳排放权交易制度可以有效控制整体的温室气体排放量，自 2005 年起，欧盟、美国、韩国、新西兰等国家陆续启动了碳排放交易体系。

在碳达峰、碳中和的愿景下，为加速实现"双碳"目标，强化对二氧化碳排放总量的管控力度，我国实施了以碳排放权交易制度为主的市场化碳规制政策。2011 年，按照"十二五"规划纲要关于"逐步建立碳排放交易市场"的要求，国家发展和改革委员会发布了开展碳排放交易试点工作的通知，将在北京市、上海市、天津市、重庆市、湖北省、广东省、深圳市 7 个试点省市启动碳排放权交易试点工作；2013 年 6 月 18 日，深圳碳排放权交易市场率先启动碳交易，其余 6 个试点在 2014 年底之前陆续启动；2016 年 12 月，新增福建省碳交易市场作为国内第 8 个试点；2017 年 12 月，经国务院同意，国家发展和改革委员会印发了《全国碳排放权交易市场建设方案（电力行业）》，这意味着将建设全国统一的碳排放权交易市场；2021 年 7 月 16 日 9 时 15 分，全国碳排放权交易市场正式开启线上交易，自此形成了以碳排放权交易制度为核心的市场化碳规制政策，我国碳市场也成为全球覆盖温室气体排放量规模最大的市场，每年覆盖二氧化碳排放量约 45 亿吨[①]。建设全国统一碳排放权交易市场是以习近平同志为核心的党中央作出的重要决策，是利用市场机制控制和减少温室气体排放、推动经济发展方式绿色低碳转型的一项重要制度创新，也是加强生态文明建设、落实国际减排承诺的重要政策工具。市场化碳规制不仅是未来我国碳规制发展的方向，也是实现"双碳"目标的长久之策。鉴于此，在"双碳"背景下，本书的碳规制政策主要是我国正在实行的碳排放权交易制度，并以碳排放权交易政策为例从理论及实证两方面分析碳规制对家庭经济福利的影响。

二、家庭经济福利

增进民生福祉，提高人民生活品质并让家庭拥有获得感、幸福感和安全感

---

① 数据来源：2021 年 10 月 27 日国新办举行《中国应对气候变化的政策与行动》白皮书新闻发布会。

既是社会建设的重要内容，也是构建中国特色社会主义和实现共同富裕的核心目标，各项政策的制定都需贯彻"以人为中心"的思想，竭尽可能地提升家庭福利。家庭福利涉及家庭经济状况、就业状况、健康状态、生态环境福利、主观幸福感等诸多方面，由于就业、健康、主观幸福感等均与家庭的经济水平紧密相关，因此，家庭福利中处于核心地位的是家庭经济福利。党的二十大报告和《中华人民共和国国民经济和社会发展第十四个五年规划和 2035 年远景目标纲要》均强调要增加低收入者收入，扩大中等收入群体，这也说明提升家庭经济福利是社会发展和推进共同富裕的重要方面，各项政策的实施必须要兼顾家庭经济福利。鉴于此，我国所实施的以碳排放权交易为主的碳规制政策，在提高减排效率、保障"双碳"目标达成之际，也需要关注碳规制对家庭经济福利的影响，力争实现降低二氧化碳排放量与提升家庭经济福利的双赢。

　　本书的家庭经济福利涵盖两个维度，一个是绝对水平的家庭经济福利，另一个是相对水平的家庭经济福利。其中，绝对水平的家庭经济福利是通过家庭收入和家庭消费对单个家庭的经济福利进行衡量，从而分析在碳规制政策实施以后家庭经济福利的变化情况。家庭利用劳动、资本等要素从市场中获取收入，并在收入的约束下通过消费各类商品实现效用最大化，然而，市场化的碳规制政策通过碳定价机制改变了商品和要素的相对价格，那么，家庭需在新的预算约束下对消费重新进行决策以实现效用最大化（Fullerton D and Heutel G，2007）。当碳规制政策实施后，家庭所能实现的最大化效用水平可能发生变化，而将家庭效用水平变动以货币化体现，则为本书所关注的绝对水平的家庭经济福利。家庭经济福利的变化可以分解为收入端影响渠道和消费端影响渠道（Goulder L H et al.，2019），其中，收入端效应为碳规制改变劳动要素和资本要素的价格，导致家庭通过劳动、资本等要素获取的工资收入、经营收入、财产收入等收入水平发生变化，而消费端效应为碳规制改变中间产品和最终产品的价格，导致家庭在原收入不变的情况下可用于购买消费品而获取的最大化效用水平发生变化。

　　由于市场化碳规制政策的实施改变了家庭的收入和消费，同时考虑家庭预算收入的变动和消费所获效用的变化，便可以测度碳规制政策所引发的规制成本在家庭中的经济归宿情况。即在碳规制影响后新的收入水平下，调整消费决策后所获取的最大化效用水平，与没有碳规制影响时原始收入水平下可实现最大化效用水平的差值，并将效用的变动情况进行货币化度量，即可测度碳规制政策在微观层面每个家庭中的经济归宿。

推进共同富裕除了提升居民收入水平外，还需要促进公平并防止两极分化。因此，除了考察单个家庭经济福利受碳规制影响导致的绝对水平变化外，本书还关注了碳规制对不同家庭经济福利水平的相对变化。通过将碳规制对家庭收入端效应和消费端效应进行整合，可得到碳规制政策在微观家庭层面的经济归宿。诸多家庭的要素禀赋、消费偏好等因素存在差异，因此，落实在每个家庭中的碳规制政策的经济归宿可能有所不同，如果碳规制的经济归宿使不同家庭之间的福利水平差距变大，同样会影响家庭相对经济福利状况。本书采用收入不平等的概念衡量相对家庭经济福利状况，从家庭通过各项要素获取的初始收入中减去家庭承担的碳规制经济归宿以及税收归宿，并加上政府给予家庭的补助收入，得到家庭的最终收入，以最终收入衡量家庭之间的收入不平等程度。基于我国促进社会公平和推进共同富裕的目标，有关部门不仅需要提升低收入群体的收入水平，还需要缩小群体间的收入差距，因此，从相对的视角分析碳规制对家庭经济福利的影响也尤为重要。鉴于此，本书从绝对和相对两个视角探讨在"双碳"目标下碳规制政策对家庭经济福利的影响情况，既包括对单个家庭经济福利绝对水平变化的影响，也包括不同收入群体间家庭经济福利相对水平变化的影响，即对收入不平等的影响。

对于不同收入群体的界定，现阶段的相关研究并没有统一的识别标准。从相对的视角进行测度时，可依照家庭人均年收入将所有人口排序后的人口数量四等分，分为低收入群体、中低收入群体、中高收入群体和高收入群体。从绝对的视角进行测度时，各国所采用的标准不一，例如，世界银行将人均日收入或消费在 10 ~ 100 美元的群体界定为中等收入群体（Kharas H, 2010），低于 10 美元则界定为低收入群体，高于 100 美元则视为高收入群体，然而，这一标准是否适用于我国的实际情况还有待商榷。2019 年初，我国国家统计局局长就 2018 年国民经济运行情况答记者问时[1]，提出以中国典型的三口之家年收入在 10 万至 50 万元之间的测度标准测算中等收入群体规模，这一识别标准更贴合我国当前的基本特征，也具有较强的权威性，因此，本书将以此作为收入群体的划分标准，并将总人口划分为低收入群体、中等收入群体和高收入群体。

---

[1]　国家统计局局长就 2018 年国民经济运行情况答记者问 ［DB/OL］. 国家统计局，http：//www. stats. gov. cn/sj/sjjd/202302/t20230202_1896129. html。

第三节　研究思路与技术路线

一、研究思路

鉴于我国在"双碳"目标下主要对排放二氧化碳密度相对较高且污染排放量相对较大的企业实施碳规制措施，对微观层面的家庭经济福利会产生较为复杂的间接影响，导致对最终碳规制影响家庭经济福利的方向和程度均不得而知。此外，在共同富裕的要求下，需提高低收入群体收入和扩大中等收入群体收入，但由于我国不同收入群体的差异性较大，碳规制引起各收入群体间家庭经济福利变化的程度可能不尽相同，因此，还需进一步探讨碳规制政策影响家庭经济福利的群体间差异，以及因改变了家庭经济福利相对水平而对收入不平等产生的影响。为了达到实现"双碳"目标兼顾提升家庭经济福利水平，改善家庭间收入不平等的目的，还需要进一步探索与我国当前碳规制政策相配套的政策体系的优化问题。

鉴于此，本书的研究思路为：基于当前中国"双碳"目标下实施碳规制政策与共同富裕的发展目标和需求→回顾碳规制与家庭经济福利的相关研究→分析我国碳规制政策的典型化事实→对碳规制影响家庭经济福利进行机理分析与理论模型构建→对碳规制影响家庭经济福利进行实证研究→得出本书的研究结论并提出可行的政策建议。

二、技术路线

遵循研究背景的现实需求，基于文献综述的学理支撑，结合典型事实的趋势分析，本书构建了理论与实证紧密结合的研究框架。在理论分析框架中，依托数理模型重点讨论碳规制如何通过改变要素价格（收入端）和产品价格（消费端）进而对单个家庭经济福利产生影响，将收入端与消费端影响汇总为碳规制的家庭经济归宿后，进一步分析碳规制对家庭间收入不平等产生的影响。实证分析框架则与理论分析框架相呼应，三个部分分别对应理论分析中的收入端效应、消费端效应以及对收入不平等的影响。最后根据理论分析及实证检验的结果得出主要研究结论，并提出相应政策建议。本书的技术路线如图1-1所示。

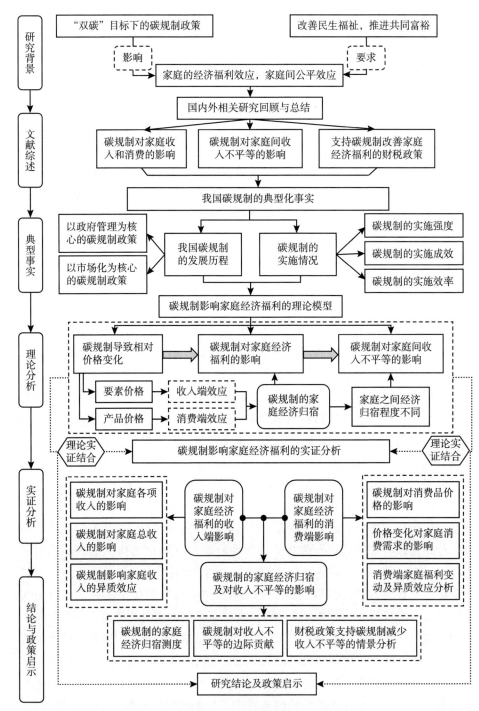

图 1 - 1　技术路线

第四节 研究内容与研究方法

一、研究内容

第一章是绪论，第一部分阐明了本书的研究背景并分析了研究的理论意义和现实意义；第二部分对本书研究所涉及的碳规制和家庭经济福利等主要概念进行了界定；第三部分介绍了本书的研究思路和研究内容，系统性梳理了总体研究思路，并辅以技术路线图，从而明晰各章节之间的逻辑关系，根据研究思路，总括书中各章节的研究内容；第四部分介绍了本书的研究方法，从数理、实证等角度对书中使用的各种方法进行说明；第五部分指明了本书的创新点与研究的不足之处。

第二章是文献综述。本书紧密围绕碳规制影响家庭经济福利的核心议题，首先，从共同富裕中的"富裕"目标切入，以家庭收入和消费代表绝对视角下的家庭经济福利，梳理了国内外关于碳规制影响家庭收入及消费的相关文献。其次，考虑共同富裕中的"共同"目标，以收入不平等衡量相对视角下家庭之间的经济福利，对国内外关于碳规制影响家庭之间收入不平等的相关研究进行整理。再次，从优化碳规制政策体系以及提升家庭经济福利的角度出发，本书归纳了当前国内外通过财税政策支持碳规制来提升家庭经济福利水平以改善收入不平等状况的作用效果。最后，通过对已有研究的梳理，对当前的研究进展进行总结，并分析在已有研究基础上可进一步拓展的研究方向。

第三章是碳规制的典型化事实。首先，本书对我国碳规制的发展历程进行了系统性梳理，根据不同时期碳规制的核心手段将碳规制的发展划分为两个阶段，分别是以"政府管理"为核心的发展阶段和以"市场化"为核心的发展阶段。其次，基于可获取的《中国统计年鉴》、中国碳核算数据库、万得资讯数据库等宏观层面统计数据资料，对我国在"双碳"目标下的碳规制政策实施的基本情况进行系统分析。从能源消费、碳排放权交易的碳价等视角分析碳规制的强度，从全国及各省市二氧化碳排放情况角度分析我国碳规制政策的减排降碳效果。此外，由于碳规制政策实施强度或碳规制的减排降碳效果均不足以全面反映我国碳规制政策的实施情况，因此本书进一步对碳规制政策的效率进行综合评价，分析并比较了我国各省份碳规制政策实施效率的特征及趋势。最后，基于对我国碳规制政策典型事实的分析，探讨碳规制政策已经取得的成就和当前存在的问题。

第四章是理论分析。本书的理论分析包含两个部分：第一部分是对市场化碳规制政策影响家庭经济福利进行机理分析，通过局部均衡分析解释市场化碳规制政策与家庭经济福利之间的联系和潜在影响；第二部分是通过构建一般均衡模型，以我国"双碳"背景下实施的碳排放权交易的碳规制政策为例，对碳规制政策影响家庭经济福利的效应进行理论推导，以期更贴合我国的实际情况。在推导过程中，本书将设定两部门双要素且考虑家庭具有异质性的一般均衡模型，重点分析对高碳企业生产过程中的二氧化碳排放行为进行碳规制后，产品市场中高碳企业产品价格和低碳企业产品价格因受碳规制的影响将发生何种变化，要素市场中劳动要素价格和资本要素价格因受碳规制的影响将发生何种变化；在家庭部门中，碳规制政策将通过产品价格和要素价格变动，对家庭的收入和消费以及家庭总体经济福利将产生什么影响，并进一步证明碳规制对异质性家庭经济福利的影响是否存在差异，从而分析碳规制政策是否会扩大收入不平等。此外，本书还探讨了如何采用财税政策助力碳规制政策提升家庭经济福利和减少收入不平等。通过对上述模型进行理论推导，可以更科学地分析我国以碳排放权交易政策为代表的市场化碳规制政策对家庭收入、消费的影响情况及对收入不平等产生的影响，并为接下来的实证分析奠定理论基础。

第五章是实证检验碳规制对家庭经济福利的收入端影响。本书将利用可以获取的宏观统计数据和微观追踪调查数据，以我国实施的碳排放权交易试点政策构建准自然实验，借助倾向得分匹配（Propensity Score Matching，PSM）结合双重差分（Difference-in-Differences，DID）模型（PSM-DID），评估碳排放权交易试点政策是否对家庭收入产生影响。首先，基于理论分析中碳规制将通过改变资本和劳动要素价格对家庭经济福利产生收入端影响，本书将实证分析碳排放权交易政策对家庭各项收入的影响，主要包括家庭的工资收入、经营收入、财产收入、政府补助和其他收入五个收入来源。其次，由于碳规制对各项收入的作用方向可能存在差异，本书将各项收入汇总为总收入，进一步评估碳排放权交易试点政策对家庭总体收入水平的影响情况。最后，由于碳规制政策的落实在区域和城乡间存在差异，在家庭之间存在较大的收入结构差异，也存在就业行业等家庭特征差异，因此本书从区域异质性、城乡异质性以及家庭特征异质性的角度，面向低收入群体和中等收入群体，分析碳规制对家庭收入影响的群体间异质效应。

第六章是实证分析碳规制对家庭经济福利的消费端影响。首先，本书计算因实施了碳规制政策，以及受行业间价值链的交互影响后，不同行业的最终产品价格的变动情况，这一过程将借助投入产出表进行计算。其次，由于每个家庭的消费需求结构不同，因此需利用微观家庭调查数据并采用二次近乎完美需求系统模型（Quadratic Almost Ideal Demand System，QUAIDS）估计需求弹性系数（Banks J et al.，1997），从而得出在价格变动后家庭消费所获效用的变化程度。最后，根据每个家庭效用的变化情况，进一步分析受碳规制影响后，不同群体家庭消费端经济福利变化的差异。

第七章是实证分析碳规制的经济归宿及对收入不平等的影响。首先，基于第五章和第六章中碳规制对家庭总收入和对家庭消费的影响的实证检验结果，将以我国实施的碳排放权交易政策为例，测度并分析碳规制在微观家庭层面的经济归宿。其次，借助税收－收益归宿分析方法，在考虑财税政策交互影响的基础上，探究碳规制对收入不平等的边际贡献。最后，为了在实施碳规制后还可以进一步提升家庭经济福利，将采用情景模拟分析的方法，从减少企业所得税、减少个人所得税和增加政府对家庭的补助三个视角出发，探讨不同财税政策支持碳规制政策提升居民福祉和降低收入不平等的效果。

第八章是对全书的归纳总结并提出相应的政策建议。本章对理论研究和实证分析结果进行了总结归纳。根据我国碳规制的典型事实以及碳排放权交易政策对家庭经济福利的收入端效应、消费端效应和对收入不平等影响的理论与实证分析结果，提出了在"双碳"目标下我国碳规制政策可进一步优化调整的方向，并结合当前的发展趋势和发展需求，提出了实施碳规制政策后可以增进家庭经济福利并改善收入分布状况的切实可行的政策建议。

二、研究方法

（一）数理分析方法

1. 局部均衡分析

由于我国所采用的碳排放权交易制度仅针对二氧化碳等温室气体排放量相对较高的企业实施，因此，本书在理论模型中将企业划分为被管制的高碳企业和不受管制的低碳企业，以高碳企业为中心，分析了高碳企业在受到碳排放权交易政策影响后的局部均衡情况，说明了碳排放权交易政策如何改变了高碳企业的产品价格、消费者剩余、生产者剩余以及要素需求，并进一步讨论了碳排放权交易政策如何影响家庭的收入和消费，以及在家庭存在收入结构差异和消费偏好差异的情况下，碳排放权交易政策如何影响家庭间的收入不平等。

2. 一般均衡分析

本书以碳排放权交易政策为例，通过一般均衡分析将受碳规制直接影响的高碳企业与不受碳规制直接影响的低碳企业一同纳入理论分析框架，并通过产品市场与要素市场将企业与异质性家庭相结合，构建两部门双要素一般均衡理论模型来分析碳排放权交易政策对家庭经济福利的影响情况。首先，构建包含高碳企业和低碳企业两种企业，劳动和资本两种要素，以及具有收入结构差异和消费结构差异的两类家庭的简化一般均衡模型，结合我国碳排放权交易试点政策中免费分配碳排放权的现实特点，分析对高碳企业的二氧化碳排放行为进行碳规制后，高碳企业和低碳企业各自产品的相对价格以及资本要素和劳动要素相对价格将受到怎样的影响。其次，在微观层面，将微观家庭受碳规制影响后效用的变化进行货币化度量，分析碳排放权交易政策如何通过收入途径和消费途径对家庭经济福利产生影响，并讨论在不同条件下碳排放权交易政策对家庭经济福利将造成何种损失。最后，由于模型设定两类家庭在收入结构和消费结构方面存在差异，因此，本书还分析了碳排放权交易政策对不同类型家庭的经济福利产生的影响，通过对两类家庭的对比进一步分析碳排放权交易政策对收入不平等的影响。此外，本书还探讨了不同税种的减税政策或增加政府补助的财税政策是否能够助力碳排放权交易政策，使碳规制政策在实施后可以提升家庭经济福利并降低收入不平等，从而达到实现"双碳"目标和共同富裕的目的。

（二）实证分析方法

1. 政策评估方法

根据我国已经实施的碳排放权交易试点政策，本书构造了准自然实验，拟利用 DID 模型分析碳排放权交易政策对家庭收入的影响效应，但由于我国对碳排放权交易试点省市的选择并非随机，实验组与对照组难以满足共同趋势的假设，因此本书最终采用 PSM 模型对实验组样本匹配较为合适的控制组，在满足共同趋势假设的条件下，利用 DID 模型分析碳排放权交易政策对家庭各项收入以及家庭总收入的影响，从而得到碳规制对家庭经济福利中收入端影响的净效应。此外，考虑到我国碳排放权交易试点政策在 2013 年启动了 7 个省市，在 2016 年增添福建省作为新的试点，为了确保实证结果的稳健性，本书还采用渐进双重差分模型（Time-varying DID）进行实证检验。

2. 投入产出分析

我国主要针对二氧化碳的排放进行碳规制，不仅对高碳企业的生产活动产生直接影响，还会通过行业间的价格传导机制对不直接管制的低碳企业的生产活动产生间接影响，最终导致各行业的产品价格可能会发生不同程度的变化。为了更好地反映产业间的价格关联关系，本书将在完全前转的假设条件下，借助投入产出模型细致分析实施市场化碳规制政策后，由碳排放权交易政策产生的碳价对各行业产品价格的影响，为后续分析碳规制的家庭经济福利效应奠定基础。

3. 家庭需求系统分析

本书将利用家庭层面的微观追踪调查数据，分析在市场化碳规制政策的影响下各类最终产品价格调整后家庭需求系统的变化，利用二次近乎完美的需求系统模型，可以估计每个家庭因碳规制政策导致的家庭消费需求结构所发生的改变，进而在估计了家庭需求收入弹性、自价格弹性和交叉价格弹性的基础上，量化每个家庭因碳规制政策导致消费端家庭经济福利变化的程度，从而分析在家庭收入不变的假设条件下，碳排放权交易试点政策对家庭经济福利消费端的影响效应以及对不同群体的差异化影响。

4. 税收－收益归宿分析方法

碳规制对家庭经济福利造成的总体影响可视为市场化碳规制政策导致的碳价成本在家庭中的经济归宿，因此，本书将碳规制对家庭经济福利的收入端效应和消费端效应相结合来测度碳规制影响家庭经济福利的经济归宿。借鉴税收－收益归宿分析方法的思想，在测度碳规制的家庭经济归宿的基础上，分析碳规制政策实施前后收入不平等的变化，以探究碳规制对收入不平等的边际贡献。财税政策是重要的收入再分配工具，本书考虑到碳规制政策与财税政策的交互影响，将我国主要的财税政策纳入税收－收益归宿分析中，从而获取碳规制政策对收入不平等影响的净效应，避免政策交互影响所导致的兰伯特难题（Lambert Conundrum）现象。

5. 情景模拟分析方法

在实施碳规制政策后，为了提升家庭经济福利并缩小收入不平等，助推"双碳"目标与共同富裕目标协同发展，探索与碳规制相配套的政策工具，本书将采用情景模拟分析方法，利用减免个人所得税、减免企业所得税或增加对家庭的政府补助这三种财税政策支持手段，对比分析在碳规制政策对家庭经济福利产生影响后，以不同的财税政策支持方式对家庭经济福利的提升效果和降低收入不平等的效应，从而发掘既可以提升家庭经济福利又能够缓解不同收入群体间收入差距的有效政策组合，最终促成"双碳"与共同富裕双赢的可行方案。

第五节　研究的创新与不足

一、研究的创新

第一，研究视角的创新。在"双碳"目标下，我国实现碳达峰目标的时间较为紧迫，因此，现有针对碳规制的研究较多围绕"双碳"目标从如何优化碳规制政策以更有效地减少二氧化碳等温室气体排放的视角展开。同时，为了实现高质量低碳发展，推动经济增长与碳排放脱钩，也有研究探讨如何在减少二氧化碳排放量之时促进宏观经济增长。但是，鲜有研究从微观视角分析碳规制可能造成的社会经济影响。而在微观层面对碳规制的影响效应进行分析的文献中，现有研究多从微观企业视角分析碳规制对企业生产、经营等行为所造成的影响，却鲜有学者从微观家庭的视角分析碳规制对家庭经济福利的影响。因此，本书在前人研究的基础上将对碳规制的研究深入家庭层面，从微观家庭的视角分析碳规制政策可能产生的经济效应。

第二，理论模型的创新。在"双碳"目标下，针对我国碳规制的研究多为基于一般均衡框架下的宏观经济效应分析，鲜有研究构建理论模型分析碳规制对微观家庭经济福利的影响。而在域外的研究中，虽然部分研究探讨了碳规制对家庭经济福利以及对收入不平等的影响，但大多数文献围绕碳税政策进行分析。然而，我国实施的是以碳排放权交易为主的碳规制政策，以碳税政策为例的理论分析并不适用于我国，因此，本书理论模型的创新之一在于，根据我国在"双碳"目标下实际的市场化碳规制实施情况，以免费分配碳排放权为特征的碳排放权交易制度为例构建理论模型，探讨碳规制对家庭经济福利的影响效应及影响途径。此外，许多碳规制影响家庭经济福利的理论模型基于同质家庭的假设进行分析，但实际上，家庭之间具有较大的收入结构差异和消费结构差异，因此，本书理论模型的创新之二在于，将家庭部门扩展为具有异质性的家庭，从而在分析碳规制影响异质性家庭的经济福利的基础上，还可以进一步分析碳规制对家庭间收入不平等的潜在影响。在现有研究中，分析碳排放权交易政策对家庭经济福利及收入不平等的影响时，通常没有考虑已经存在的财税政策，而财税政策作为收入再分配的重要手段，在家庭经济福利中的作用不应被忽视。根据域外相关经验，从碳税中获得的税收收入可以通过减税或增加转移支付的方式循环使用，以此来增加家庭经济福利。尽管当前我国碳排放配额免费分配导致没有碳规制收入可以循环使用，但未来会适时引入有偿分配制度，配额收入的使用方式对于提高减排效率、促进绿色转型、提升家庭经济福利和缓解收入不平等均具有重要作用，《财政支持做好碳达峰碳中和工作的意见》中也强调了财税政策协调配合碳规制的重要性。因此，基于这一制度安排，本书还进一步讨论了通过减轻家庭税收负担或增加面向家庭的政府补助支持碳规制来提升家庭经济福利的可行方案。

第三，研究方法的创新。现有研究中，关于碳规制影响家庭经济福利的文献多基于消费端的视角进行分析，在假设家庭收入不变的前提下探讨碳规制如何影响家庭消费，却忽略了碳规制对家庭收入的潜在影响。对此，本书在碳规制影响家庭消费的基础上纳入了由碳规制引起家庭收入的变动情况，利用可获取的宏观数据和微观数据，将碳规制对家庭经济福利收入端影响与消费端影响整合在一起，对我国所实施的碳规制政策在家庭中的经济归宿进行测度，从而更好地描述碳规制影响家庭经济福利的总体情况。此外，在研究碳规制影响收入不平等的文献中，部分文献并没有考虑已有的财税政策对改善收入不平等的重要作用，而部分研究即使考虑了财税政策的作用，却忽视了碳规制与财税政策的相互影响。为了更好地描述碳规制对收入不平等的净效应，本书借鉴税收－收益归宿分析方法，基于碳规制的家庭经济归宿测度结果分析碳规制对收入不平等的影响，不仅可以顾全财税政策的影响效应，还能够避免碳规制与财税政策相互影响，使研究结论更为精准。本书还运用此方法，在模拟情景中进一步讨论了财税政策支持碳规制提升家庭经济福利和改善收入不平等的方案。对相关研究方法的扩展性应用，可深入探究现行碳规制政策对家庭经济福利所产生的效应，也能够在理论模型分析的基础上提供我国的碳规制政策影响家庭经济福利的现实证据，从而明确我国的碳规制政策可从哪些方面进一步优化，也为未来我国在"双碳"目标下碳规制政策的市场化改革和相关政策的配套设计提供实践指导。

二、研究的不足

从理论方面来看，本书的理论模型假设仅有低碳企业和高碳企业两个生产部门，家庭部门根据收入结构和消费结构仅区分了两个类型的家庭，这是仅用于分析本书主要研究内容的极简化的静态模型，主要用来反映以碳排放权交易制度为主的碳规制政策对家庭经济福利的短期影响。但是从长远来看，生产过程中低碳企业与高碳企业还存在为适应碳规制而革新生产技术的行为，家庭中还存在人力资本积累、储蓄行为、消费平滑等方面的因素，考虑这些内容需要一个更庞大、更复杂的动态模型，因此，本书的理论模型还存在进一步优化的空间。

从实证方面来看，第一，在分析碳规制对家庭经济福利的收入端影响时，受微观家庭追踪调查年份的限制，仅能分析碳排放权交易试点期间的影响效果，无法分析全国碳排放权交易市场启动后所能产生的效应。第二，在分析碳规制对家庭经济福利的消费端影响时，需将投入产出表中的 153 个部门整合为 8 个部门，用于对应居民 8 大类消费，但现实中无法获取这 8 个部门消费品的实际产品价格，仅能用国家统计局公布的居民消费品价格指数作为代理价格，因此受数据所限，本书的估计可能不够精确。第三，由于测度碳规制在家庭中的经济归宿需要用到收入端和消费端的估计结果，因此，受相关数据的限制，本书对碳规制的家庭经济归宿的测度与实际情况存在一定的偏差，致使本书的研究存在精确度方面的不足。第四，尽管在研究碳规制对家庭经济福利的收入端影响中采用了倾向得分匹配方法和双重差分方法，且纳入了多个层面的控制变量解决了部分内生性问题，但囿于数据和资料限制，无法完美解决所有内生性问题，致使本书仍存在不足。

第二章 文献综述

当前，针对碳规制的研究较多集中于如何更有效地控制并减少二氧化碳的排放（张华和魏晓平，2014）、如何提高全要素生产率（贾智杰等，2023；胡珺等，2023）、如何促进产业结构升级（余泳泽等，2020）、如何推动绿色低碳转型（李斌和陈斌，2017；黄和平和谢云飞，2023）以及探寻在"双碳"等应对气候变化的政策目标上的减排路径（涂正革，2012；王灿和张雅欣，2020）。这些研究紧密围绕我国对减排及共同努力适应气候变化的承诺，从不同视角积极探索高效减排的可行途径。

自20世纪90年代初，诸如碳税和碳排放权交易政策等基于市场化的碳规制措施陆续实施，这是在以往通过政府施加约束性命令的"政府管理"式碳规制政策基础上的进一步发展，通常来说，市场化的碳规制政策比约束性命令或强制措施类的碳规制政策更具减排效率（Kosonen K and Nicodeme G，2009；Dai H C et al.，2018），这是环境经济学家更关注的问题，而从公共经济学的视角来看，碳规制政策除了对减少二氧化碳排放方面具有突出贡献外，可能通过价格机制对社会福利（张可，2020）、贫困（何春和刘荣增，2022；何雄浪和史世姣，2022）、居民幸福感（李梦洁，2015）、城乡收入差距（包彤，2022）以及收入分配（范庆泉，2018）产生影响，也可能影响家庭经济福利。

无论是政府主导的强制性碳规制措施还是市场化的碳规制政策，或多或少会通过多种途径渗透到微观家庭层面，对家庭经济福利造成影响。从绝对水平的影响来看，碳规制对家庭经济福利产生的影响可表示为碳规制在家庭中的经济归宿，即碳规制政策的实施可能使家庭经济福利水平提升或下降；从相对水平的影响来分析，如果每个家庭负担的碳规制经济归宿不一致，那么家庭收入中剔除碳规制的经济归宿后剩余的收入将发生变化，从而引发家庭间收入不平等的情况发生变化，如果最终导致收入不平等程度恶化，则需要采取必要的措施进行缓解。

鉴于此，本书将紧密围绕碳规制对家庭经济福利的影响进行文献回顾。

（1）以家庭各项收入来源和家庭的消费行为作为主要途径，总结国内外碳规制政策通过家庭各项收入来源和消费行为对家庭经济福利产生影响的证据。（2）梳理碳规制所产生的成本负担或收益如何在微观家庭层面进行测度，总结各国碳规制的家庭经济归宿在家庭间的分布情况，并归纳已有研究提出的碳规制对家庭间的收入不平等所产生的影响。（3）政府通过碳规制政策可以获得碳规制收入（如碳税收入和拍卖碳排放权配额的收入），该收入的使用方案关系着能否修正碳规制对家庭经济福利与收入不平等的不利影响，因此，本书还细致梳理了国内外针对碳规制收入的循环使用策略的研究，从财税政策的视角梳理了提升居民福祉并降低收入不平等的措施。

第一节　碳规制对家庭收入和消费的影响

收入和消费是碳规制政策影响家庭经济福利的两个重要渠道（Goulder L H et al.，2019）。其中，收入端的渠道主要影响家庭从各种来源获得的收入，主要包括要素收入和非要素收入，其中要素收入包括工资收入、经营收入和财产收入，而非要素收入为政府对家庭的补助以及家庭通过亲友、社会捐赠等途径获得的其他收入。消费端的渠道方面，主要是碳规制政策影响家庭对不同商品需求的相对数量，或称为对家庭的消费结构产生的影响。鉴于此，从家庭经济福利绝对水平的视角，本书将分别梳理碳规制对家庭各项收入的影响，以及碳规制对家庭消费行为的影响的相关文献。

一、碳规制对家庭各项收入的影响

（一）碳规制对家庭工资收入的影响

工资收入是家庭总收入的重要组成部分，碳规制政策主要通过工资水平和就业状况对家庭工资收入产生影响，而家庭中劳动要素资源禀赋以及就业企业所属行业等因素关系着碳规制政策对家庭工资收入的影响强度。

从碳规制对工资水平的影响来看，许多研究认为碳规制会降低劳动者的工资水平，主要原因在于以下四个方面。

第一，要素之间的替代关系。如果将二氧化碳的排放视为企业生产中除劳动和资本外的第三个生产要素，当碳规制引起二氧化碳价格升高时，企业便会用劳动或资本替代二氧化碳（Fullerton D and Heutel G，2007）。在劳动要素的调整成本较小且流动性受到限制的情况下，企业会通过降低劳动者报酬的方式，将生产成本的上涨转嫁给劳动者（韩晓祎和许雯雯，2023）。由于规制政策增加的成本降低了实际工资，导致工资偏离劳动边际产出的幅度加大（安孟和张诚，2020），中国工业几乎所有行业均出现了实际工资低于劳动边际生产率的"向下扭曲"现象，因而加剧了工资扭曲程度（杨振兵和张诚，2015）。

第二，被管制企业的要素密集程度。如果被碳规制政策管控的企业是劳动密集型企业，那么，劳动力工资水平在碳规制的影响下会降低，且劳动越密集的企业所受的影响越大（韩晓祎和许雯雯，2023）。在污染行业占比较高的城市，环境规制对工资增长的抑制作用更加明显（秦明和齐晔，2019）。

第三，规制政策的实施强度。碳规制对实际工资的影响视碳规制实施强度而定。基于对环境规制政策的相关研究发现，低强度的环境规制会抑制企业实际工资增长，高强度的环境规制将促使企业实际工资水平提升，且从环境规制的类型上看，费用型环境规制在短期内对实际工资的影响较大（耿晔强和都帅帅，2020）。

第四，工资溢价发生变化。陈诗一等（2022）的研究表明，环境规制使高技能劳动力和低技能劳动力的收入降低，对于许多发展中国家而言，碳规制政策将导致低技能工人和高技能工人收入均下降，但是，高技能工人工资下降的幅度大于低技能工人，主要是因为工资溢价下降。如果在化石能源使用较为密集的部门中拥有相对较多的高技能劳动力，那么高技能劳动力工资下降幅度更大（Chepeliev M et al.，2021）。

从碳规制对就业的影响情况来看，现有研究持有不同的观点，有些研究认为碳规制政策的实施会影响就业（谢强和封进，2023），主要是因为企业受到管制后生产成本上涨，可能会通过缩小生产规模达到降低碳排放的管制要求，从而降低了对劳动力的需求，因此在碳规制的作用下，高污染部门的就业份额会降低（陈诗一等，2022）。也有研究认为碳规制可以创造就业（Domguia E N et al.，2022），因为碳规制会激励生产向清洁化转型，污染行业的绿色技术改进对具备相关技能的劳动力需求增加，绿色清洁行业扩张也将增加劳动力的需求（Perrier Q and Quirion P，2018；沈宏亮和金达，2019；王锋和葛星，2022），即创造了"绿色"就业（陆旸，2012）。

对于这两种相反的结论，有学者将其解释为碳规制导致化石能源价格上涨，通过替代效应、成本效应和价格效应对就业产生影响（Zhang J Y and Cross M L，2020）。其中，替代效应表示如果让总产出保持不变，实施碳规制将导致企业在生产过程中会用资本和劳动替代化石能源，将会增加对劳动要素的需求，因此对就业有积极影响。成本效应表示当企业的要素投入比例不变时，在同一预算水平下，企业会因碳规制政策的实施减少要素需求量，相应地对就业产生负向影响。而价格效应则是，碳规制导致企业产品价格上涨，在产品市场中会降低对该企业产品的需求量，进而会降低企业对劳动要素的需求，从而对就业产生负向影响，也有研究将价格效应称为产出效应（Zhao J Y and Zhang N，2023）。由于碳规制对三个效应的影响方向和影响程度不同，因而碳规制最终对就业影响的方向没有统一的定论。

各地区碳规制强度差异也会对就业产生影响（Fankhauser S et al.，2008）。如果一个地区碳规制政策较为严格，则会引起"污染天堂"（Pollution Haven）效应，导致高耗能企业从规制强度大的地区向规制强度小的地区迁移（林季红和刘莹，2013；汤维祺等，2016；杨子晖和田磊，2017；蔡宏波等，2022），对迁出地的就业造成不利影响，但有利于迁入地的就业增长。而外商直接投资的增加为迁入地带来资本、技术和管理经验，会因产生了"污染光环"效应（Pollution Halo）促进绿色技术进步（李金凯等，2017），从而创造就业。

此外，产业结构调整是促进经济增长、减少污染排放的关键（原毅军和谢荣辉，2014），碳规制可以促进产业结构向合理化和高级化调整（李虹和邹庆，2018）。因此，产业结构水平在碳规制影响劳动力就业中起到重要作用。当产业结构达到一定水平时，环境规制对劳动力就业的影响由负转正（周五七和陶靓，2020）。因此，在通过规制手段倒逼产业转向清洁化的过程中，对就业的影响呈先抑制后促进的"U"型曲线动态关系（李珊珊，2015；宋德勇和毕道俊，2020；王芳，2021），长期来看，可能带来环境改善和就业的双重红利（李斌等，2019）。

对于不同群体，碳规制政策的就业效应也有所不同。受碳规制政策的影响，经济社会各方面均会发生变革，各行各业的劳动力需求都将发生变化，部分员工不得不面对就业岗位和工作的调整、竞争和淘汰（王锋和葛星，2022），这一调整对人力资本水平相对偏低的人员就业状况将有不利影响。例如，环境规制对城镇农民工就业的负面冲击大于对城镇本地劳动力就业的冲击（范洪敏和穆怀中，2017），且在高收入地区这种抑制作用甚于低收入地区（范洪敏，2017）。

由于就业状况发生变化，家庭的工资收入也会随之受到影响。对失业者而言，受到碳规制的影响会使家庭劳动收入减少，而尽管部分劳动力失业后能够成功再就业，劳动收入也有一定的损失。导致这种情况的主要原因在于：第一，部分高碳排放行业的平均工资水平高于清洁行业，在从高碳排放行业转向清洁行业就业后工资收入有所下降；第二，行业间技术需求的限制导致高碳行业的失业者在短期内难以找到新的工作（Fankhauser S et al.，2008），也可能是技能短缺或技术错配、地理限制或者个人家庭因素导致失业者由高碳行业向低碳行业转移存在就业障碍（Fragkos P and Paroussos L，2018）；第三，再就业过程中，部分劳动力只能从事暂时性或兼职工作，其中低技能劳动力、受教育程度低的工人、年轻的工人以及年老的工人受影响较大（Curtis E M，2018；Yip C M，2018），即使碳规制引起的部分劳动力失业后成功再就业，也可能因通勤距离增加而导致收入损失和福利损失（Kuminoff N V et al.，2015）。

（二）碳规制对经营收入和财产收入的影响

家庭通过资本要素可以获得经营性收入和财产性收入。经营性收入主要包括两个方面：一是家庭的农业经营收入，二是家庭从事个体经营或私营企业获得的净利润。财产性收入主要是家庭的股票、证券等动产收入，以及土地、房产等不动产收入。

对于农业经营收入，虽然有研究分析了自然灾害对粮食产量、农户收入、农户贫困状况的影响（于小兵等，2017；卢晶亮等，2014；杨真和李善乐，2023；高鸣和姚志，2022；吴雪婧等，2022），也有研究讨论了生态移民政策、退耕还林工程对农户收入的影响（黄志刚等，2018；黎洁和李树苗，2010），但是，目前针对碳规制影响农村家庭农业经营收入的文献较少。为了治理空气污染，我国实行了秸秆禁烧的碳规制政策，张海燕和汪德华（2023）的研究表明，该政策降低了农户耕种的积极性，导致人均农业收入显著下降。但是，通过碳规制改善生态环境能否增加农业产量和农业经营收入尚未可知。

对于企业经营收入，许多研究表明，碳规制政策的实施将提高碳排放量较高的企业的生产成本，使企业利润降低（Hettige et al.，1992），而高收入群体持有资本收入的份额相对较多，因此利润削减影响了高收入家庭在高碳企业中获取的资本收入。相反，在低碳转型过程中，政府的各项政策推动清洁产业不断扩张，使高收入家庭可从清洁低碳产业投资中获得更多的资本收益。

但是也有研究显示，碳规制也可以使高碳企业的利润增加，主要原因有两个。一方面，碳规制导致高碳企业产品价格上涨，如果企业间存在"被动合谋"现象，则会形成卡特尔（Cartel）（邓忠奇等，2022），为企业带来正利润。另一方面，在碳排放交易政策中，如果政府免费发放配额，则相当于企业获得了稀缺租金（Grainger C A and Kolstad C D，2010；Baranzini A et al.，2017），而配额像卡特尔一样，提高了高碳产品的价格并限制新企业进入，因此，在市场达到均衡时企业经济利润可以保持为正（Parry I W H，2004；Spulber D F，1985），企业经营者和企业股份持有者均可从中获益（Fullerton D，2011），这也使家庭的经营性收入和财产性收入增加。

此外，从长期来看，碳规制政策会通过资本化效应导致土地、房屋等财产的价格增加，从而增加了家庭的财产性收入（Fullerton D，2011）。例如，在碳规制的作用下，气候状况和环境状况趋好，有利于农业种植，因此可以推动农业用地租金上涨。由于碳规制改善了生态环境，房屋价值也会有所提升，房屋持有者在售卖房产时便可获得更多的财产性收入（Baranzini A et al.，2017）。

（三）碳规制对政府补助的影响

碳规制给予家庭政府补助会带来家庭收入的增加，补助的目的主要是激励家庭进行绿色低碳消费，或对家庭进行经济补偿，用于抵消碳规制引起的负担。在我国，为了支持新能源汽车产业的发展，我国实行了对购买新能源汽车给予补贴的政策，降低了消费者的购买成本（何治国，2011）；为了降低北方冬季取暖产生的碳排放，引导农村居民进行清洁取暖改造，我国开展了北方地区冬季清洁取暖试点工作（宋玲玲等，2022）。但是，中央财政支持力度相对较小而地方政府财政压力较大，使清洁取暖补贴标准较低（罗宏等，2020），因此家庭政府补助收入增加有限。此外，在实施碳税政策的国家，碳税收入的循环使用方案中通常会提出对家庭给予现金补助，以缓解碳规制带来的经济负担（Kosonen K，2012；Klenert D and Mattauch L，2016）。

二、碳规制对家庭消费行为的影响

（一）碳规制直接和间接地影响家庭效用水平

根据效用最大化理论，家庭在预算收入的约束下，会对消费组合进行决策以实现家庭效用最大化。碳规制政策实施后，二氧化碳排放较为密集的行业的产品价格会受到影响而上涨，如果家庭消费组合中含有相关行业的产品，则家庭会受到碳规制的直接影响，导致在原有预算约束和新的价格水平下难以获取碳规制政策实施前的效用水平，使家庭经济福利受损。此外，二氧化碳排放密集企业通常是生产链初始端的行业，例如电力、热力生产和供应业、煤炭开采和洗选业等（刘传江和赵晓梦，2017），尽管这些行业直接受到碳规制政策的影响，但其上下游产业也会受影响，且碳规制将通过产业间的价格传导循环渗透到经济的多个方面（Fankhauser S et al.，2008；闫冰倩等，2017），因此，其他不在碳规制政策管制范围内的低碳企业也会受到影响，其生产成本上涨也会影响低碳企业产品的价格。例如，彭可茂等（2014）的研究发现，对污染行业进行环境规制，通过产业间的价格传递会导致茶叶类、蔬菜类、水果及瓜果类园艺产品的价格上涨。因此，对于家庭而言，碳规制还会通过企业间的价值链对家庭产生间接影响，当碳规制的实施造成商品和服务价格均产生变化后，家庭无法达到碳规制前的消费水平，使家庭效用水平降低从而造成经济福利损失（Goulder L H et al.，2019）。

（二）碳规制对家庭绿色消费行为的激励

碳规制政策的实施不仅能够有效节能降碳，促进企业绿色低碳转型，也可以让居民养成绿色消费习惯，从而形成全社会参与的绿色低碳行动。然而，碳规制对家庭绿色消费行为的影响是一个从被动到主动的过程。在碳规制政策实施初期，由于碳规制较多对企业的能源消费以及碳排放行为进行管制（Yue T et al.，2019），因此对家庭绿色消费行为的影响是间接的，影响路径主要是由碳规制造成高耗能高排放企业产品价格上涨，使家庭承担的碳规制负担增大。为了减轻碳规制通过价格上涨造成的家庭经济福利损失，家庭会调整消费结构，降低高碳产品的消费份额，增加对绿色低碳消费品的消费。

此外，也有直接针对家庭的碳规制政策，例如对能源征收碳税会直接影响家庭的能源使用决策（Oueslati W et al.，2017），降低能源使用的预算份额。通过政府对绿色低碳生活的宣传等引导性的规制手段，可以促进居民产生绿色低碳生活行为，如果采用价格补贴等碳规制手段，或给予奖励和荣誉称号的激励方式，也能够对家庭绿色低碳行为产生有益影响（Krass D et al.，2013；Raz D and Ovchinnikov A，2015；贾亚娟和范子珺，2023），而且比通过宣传教育的方式激励绿色消费行为的效果更好（Yang M H et al.，2022）。要使家庭养成持续的绿色低碳消费行为，需要引导家庭改变主观意识，形成亲环境（Pro-Environment）的消费行为意识（Yang M H et al.，2022）。

第二节 碳规制对家庭间收入不平等的影响

碳规制会通过消费端渠道和收入端渠道对家庭经济福利产生影响（Goulder L H et al.，2019），从而使家庭经济福利总体水平发生变化。这也可以称为碳规制在家庭中的经济归宿。受到家庭在收入结构、消费偏好等方面的影响，碳规制导致家庭经济福利发生变化的程度在家庭之间可能并不相等，如果将家庭可支配收入中剔除掉碳规制的经济归宿后的收入界定为最终收入，那么碳规制会导致最终收入水平发生变化，从相对视角来看，可能对家庭之间的收入不平等产生影响。

一、碳规制的家庭经济归宿的测度

（一）碳规制的法定归宿与经济归宿

无论是由政府主导的强制执行的碳规制政策，还是基于市场机制的碳税、碳排放交易等碳规制政策，对高耗能高排放的企业而言，只要受到碳规制政策的约束便会产生一个隐性的价格，这相当于碳价或碳税。如果将二氧化碳作为生产要素，则碳规制会增加该要素的价格，进而增加生产成本。根据污染者付费原则（Polluter Pays Principle）（Coly R，2012），企业排放二氧化碳等温室气体的碳规制成本应由企业自行承担，可称为碳规制的法定归宿，但实际上，企业会将这项负担转嫁给消费者（Hassett K A et al.，2007），因此碳规制的实际归宿会落在消费者之中，即碳规制在家庭中的经济归宿。但被企业转嫁的碳规制负担有多少最终会归宿到家庭中，主要依赖于商品供给和需求的相对弹性。在完全竞争的经济中，越无弹性的一方承担的碳规制负担越多（Fullerton D and Metcalf G，2002；Wang Q et al.，2016）。也就是说，如果家庭对二氧化碳排放量相对较高的商品的需求弹性小于供给弹性，那么最终由家庭承担的碳规制负担将大于由企业承担的部分（Fullerton D and Muehlegger E，2017）。

除了供给需求的相对弹性外，企业产品的竞争力也能影响转嫁程度。如果受规制的企业所生产的商品具有市场竞争力，则排放二氧化碳的成本可以通过提高商品价格的方式转嫁给消费者（Kosonen K，2012）；如果所生产的商品市场竞争力较弱，则受规制的企业不会通过提高产品价格的方式转嫁负担，可能会通过增加资本或改进减排技术的方式降低管制成本，这将导致对资本的需求增加（Fullerton D，2008）。资本的价格相对于劳动的价格上涨，受规制的企业可能会通过压低工资的方式缓解自身的规制负担，因此对企业实施的碳规制可能因改变劳动者的劳动收入而间接影响家庭福利水平。

除了上述间接归宿外，如果碳规制是以碳税的形式对化石能源消费进行管制，那么家庭直接消费的燃料，如汽油、供暖、燃气等，碳规制就对家庭产生直接归宿。对美国碳税归宿的测度结果显示，家庭的直接归宿占收入的比重大于间接归宿的比重（Hassett K A et al.，2007）。

由此可见，碳规制政策对家庭福利能够产生直接和间接的影响。无论是诸如碳税、碳排放交易政策的市场型的碳规制政策，还是类似能源效率标准的碳规制政策，均能够对家庭经济福利产生影响（Chen Q et al.，2022），而且这种影响通常会因为价格上涨而造成家庭经济福利的损失。

（二）碳规制的家庭经济归宿的测度方法

从理论上分析，碳规制的家庭经济归宿可以通过衡量碳规制政策实施前后家庭效用水平的变化进行量化，但是，效用的变化难以解释，通常会采用等价变化（Equivalent Variation，EV）或补偿变化（Compensating Variation，CV）对效用的变化进行货币化度量（Tiezzi S，2005；平新乔，2012）。由于碳规制通常引起消费品价格的上升，因此常采用补偿变化（CV）反映碳规制的家庭经济归宿，即为了达到碳规制前的效用水平，需要在碳规制后的价格水平上补偿的货币量。

在实际测度中，不同学者的测度方法也存在一定差异。直接归宿的测度是最为容易的，直接用碳税乘以能源消费量即可得到家庭的直接碳规制负担（Wier M et al.，2005）；间接负担的计算较为复杂，有些研究因为数据受限直接剔除了间接碳规制负担（Dorband I et al.，2019）。然而，不考虑间接的碳规制负担可能导致测度结果偏差过大，因为在一些国家，间接负担比直接负担的影响更大（Jiang Z and Shao S，2014；Mathur A and Morris A C，2014；Brenner M et al.，2007；Symons E et al.，1994）。为了测度间接碳规制负担，通常借助投入产出模型和家庭需求方程，其中，运用投入产出表计算价格的变动时，非常重要的假设是碳税负担完全转嫁给消费者（Yan J and Yang J，2021；Saelim S，2019），在这一假设下，运用家庭需求方程可以求得家庭对商品的需求弹性，两者结合便可以计算碳规制在家庭中的经济归宿。但是，上述方法仅考虑了商品价格变动给家庭经济福利带来的影响，没有考虑家庭收入受碳规制政策的影响，因此，对碳规制的家庭经济归宿的估计仅基于消费端的考量，如果进一步纳入收入端的影响，则可以降低误差。部分研究已经将收入端的影响与消费端的影响结合在一起测度碳规制在家庭中的总体经济归宿，但是受数据的限制，主要采用数值模拟的方法进行分析（Fæhn T and Yonezawa H，2021）。

二、碳规制的家庭经济归宿的分布情况及对收入不平等的影响

当前关于碳规制的家庭经济归宿分布情况的分析主要是碳规制政策中的碳税政策，与其他财税政策的分析相似，许多研究测度了碳税的累进性，但是，对于碳规制能否缓解收入不平等，并没有得出一致的研究结论。有些研究认为碳税具有累退性（Callan T et al.，2009；Farrell N and Lyons S，2016），由于低收入家庭的能源消费占总收入的比重相对较高，因此，碳规制导致能源价格上涨，使低收入家庭能源消费的负担增加，致使碳规制政策对低收入家庭的经济归宿相对更重，对家庭经济福利产生了负面影响，最终会恶化家庭间的收入不平等。此外，随着时间的推移，碳税有可能替代许多其他传统的税种，那么累退的程度可能会进一步加大（Tol R S，2013；van den Bergh J and Botzen W J W，2015；Farrell N，2017）。

也有部分研究认为碳规制是累进的，征收碳税或实施碳排放权交易的碳规制政策对低收入家庭经济福利的影响小于高收入家庭（Barker T and Kohler J，1998；Ekins P et al.，2011），如对交通燃油征税是弱累退或是累进的，由于低收入群体拥有汽车的数量较少，则对交通燃油征税会使高收入群体的负担高于低收入群体（Mclnnes G，2017；Jiang Z J and Ouyang X L，2017）。

虽然碳规制政策在效率方面能够有效减少二氧化碳等温室气体的排放，但是在公平方面却影响着家庭间的经济福利，且影响程度在不同群体之间存在差异。造成碳规制的家庭经济归宿在不同群体之间存在差异的原因如下。

第一，碳规制政策所管制的内容不同。对交通燃油进行管制，则分布结果是轻微累退或是累进的，但是对电力、热力等能源进行管制，累退性较强。因为随着收入的提高，电力、热力支出占家庭总支出的比重越来越低（Cronin J A et al.，2017），因此碳规制导致的福利损失占比越来越小，而低收入家庭更多选择公共交通出行，因此对交通燃油征税对低收入家庭的影响相对较小（Poterba J M，1991；Kosonen K，2012；Sterner T，2012）。

第二，碳规制政策管制的主体不同。如果针对家庭所使用的能源进行管制，如对汽油、机动车燃料等征税，则家庭使用相关能源就需要承担直接的管制成本。但如果针对二氧化碳或温室气体的排放进行管制，那么碳规制将引起被管制产业和非管制产业所生产的商品和提供的服务价格上涨，家庭会间接承担碳规制带来的负担，间接的税负呈现累退性（Feng K et al.，2010；Kerkhof A et al.，2008）。直接对家庭的能源使用进行管制，可以通过改变消费

结构而减轻负担，但针对企业的管制会引起家庭间接承担负担，因此累退效应更强。

第三，研究碳规制在家庭中经济归宿的测度方法不同。在分析碳规制的家庭经济归宿在不同群体中的分布情况时，主要采用局部均衡方法和一般均衡方法。其中，局部均衡方法可进一步细分为微观模拟方法、微观模拟结合投入产出模型、微观模拟结合行为反应，以及微观模拟、投入产出模型与行为反应三者的结合。微观模拟方法适用于碳规制直接影响家庭经济福利的分析，但由于碳规制更多地对企业的污染行为加以管制，因此还需考虑碳规制对家庭经济福利的间接影响（Wier M et al.，2005；Ahmad E and Stern N，2009；Grainger C A and Kolstad C D，2010；Datta A，2010；Sun W and Ueta K，2011）。而家庭在碳规制政策实施后可能会减少对碳密集型商品的需求而改变消费结构，就需要考虑消费者在应对价格变化时所作出的行为反应，因此将微观模拟模型与行为反应相结合（Cornwell A and Creedy J，1996；Labandeira X and Labeaga J M，1999）。更全面的分析方法是将微观模拟、投入产出和行为分析相结合，不仅考虑了碳规制对家庭福利的直接影响和间接影响，还考虑了家庭面对价格变化所做出的行为反应，因此这一方法被许多学者采用，以分析碳规制的家庭经济归宿在群体中的分布情况（Renner S et al.，2018；Saelim S，2019；Okonkwo J U，2021）。此外，也有文献利用一般均衡模型分析碳规制的分布效应，局部均衡分析通常认为碳规制影响家庭经济福利的分布呈现累退性，但是有的研究基于一般均衡模型的分析结果显示为累进性，因为在一般均衡框架下，碳规制政策不仅影响了各种商品的价格，还会影响劳动、资本等要素的价格（Dissou Y and Siddiqui M S，2014），虽然商品价格上涨导致了累退的结果，但是因高收入群体受劳动收入和资本收入的影响程度更大，碳规制引起污染行业的高收入群体收入变化所致的福利损失更严重，因此最终体现为累进的分布效果，但碳规制促进经济向低碳转型，清洁行业的高收入群体收入变化可能导致福利增加，因此最终的分布效应难以确定。

第四，对家庭经济福利衡量的方式不同。使用微观数据分析碳规制对家庭经济福利和对收入不平等的影响时，对福利的衡量方法存在差异。在使用微观数据衡量家庭福利时，通常会用碳规制在家庭中的经济归宿占家庭收入的比重进行对比分析，其中家庭收入常以家庭人均收入、家庭人均支出或家庭的持久收入进行度量。有研究表明，在分析美国汽油税的归宿效应时，衡量家庭福利采用支出比采用收入更可靠，因为消费比收入更平稳，当家庭按照收入排序时，汽油税是累退的，当按照支出对家庭进行分类时，汽油税的累退性显著减小（Poterba J M，1991）。也有文献考虑到消费平滑，会采用持久收入衡量家庭福利（Rausch S et al.，2011），由于家庭支出可作为持久收入的代理变量（Grainger C A and Kolstad C D，2010），因此累退性也会减弱（West S E and Williams R C，2002）。

第三节 支持碳规制改善家庭经济福利的财税政策研究

由于碳规制可能造成家庭经济福利损失，且累退的碳规制政策使低收入家庭在碳规制的影响下福利损失更多，恶化了家庭之间收入不平等的程度，不利于增进民生福祉和最大化社会福利。为了改善这一情况，许多研究分析了与碳规制相配套的政策措施来减缓对低收入家庭的不利影响。围绕碳税政策，诸多文献分析了碳税收入的不同循环使用方式来实现家庭间收入的再分配，多国的研究结果表明，借助收入循环的方案可以抵消碳规制的累退性，增加社会福利并降低收入不平等（Fremstad A and Paul M，2019；Tovar Reaños M and Lynch M A，2019；Creedy J and Sleeman C，2016；Bureau B，2011；Jacobs B and van der Ploeg F，2019）。具体的支持政策可以分为两类：一是采用税收政策，通过税收优惠、税收抵免等方式减轻家庭的税收负担，从而抵消碳规制政策增加的经济负担；二是采用财政政策，通过按比例或按一定数额给家庭现金补助的方式增加家庭收入，用于补偿碳规制给家庭带来的福利损失。

一、以减轻家庭税负为主的税收政策

通过减少家庭税负的方式支持碳规制政策的理论依据是，对劳动和资本征税比对环境征税会带来更大的扭曲，如果将征收的碳税收入用于抵免所得税，可以减轻所得税等税收导致的扭曲效应（Kosonen K，2012；Goulder L H，1995）。基于这一观点，许多国家在征收碳税的同时也制定了碳税收入的循环使用政策，试图通过税收收入的循环机制发挥再分配效应，降低碳规制导致的收入不平等问题。

（一）劳动要素税减免方案及效果

个人所得税减免方案通常包括降低税率和税收豁免，采用这样的方案可以

使累退性的碳税扭转为累进性，实现帕累托改进（Callan T et al.，2009；Chiroleu-Assouline M and Fodha M，2014），也可以使本身具有累进性的碳税的累进性增强，从而降低收入不平等（Beck M et al.，2015；Oueslati W et al.，2017）。但是不同的设计方案将产生不同的效果。如果对每个人都按照相同的比例减免个人所得税，并不能修正碳规制的累退性（Klenert D and Mattauch L，2016），如果让低收入劳动者减免的比例更高，则有助于缩小收入差距，改善不平等（Zhao Y B et al.，2022），其主要的原因在于，个人所得税减免的方案可以提高中等收入群体和高收入群体的福利（Sajeewani D et al.，2015）。税收优惠并不能覆盖所有家庭，已经退休的老年人、位于劳动税免征额以下的个人或家庭无法享受碳税收入循环所带来的福利，且高收入家庭更有可能从所得税减免中获得更大的利益（Mathur A and Morris A C，2014），因而无法有效减缓收入不平等。

（二）资本要素税减免方案及效果

如果按照企业所得税的一定比例将碳税返还给企业，也可以降低碳规制对家庭的不利影响，但是也可能因为增加了企业的收入而使企业的所有者或投资者获益（Jia Z J et al.，2022），从而削弱减税政策改善收入不平等的效果。但从整个社会的效益来看，尽管减免资本税的方案仍然是累退的，但是可以增加投资并有利于资本形成（Jorgenson D W et al.，2018）。从成本效率的角度分析，减免资本税的方案尽管仍为累退性，但该方案的成本效率最高（Williams Ⅲ R et al.，2015）。如果要采用资本税减免的方式促进公平，可以将三分之二的碳税用于减免资本收入税，将三分之一的碳税用于劳动收入税，则可以实现提高福利和促进公平的目的（Fried S and Novan K，2021）。

（三）间接税减免方案及效果

除所得税外，碳税循环也可用于减免间接税，如针对英国的研究认为碳税结合增值税减免的配套措施，可以让碳税由累退性转为累进性（Symons E et al.，1994）。针对中国碳排放权交易的研究也发现，碳规制收入用于减少消费税可以将碳规制的累退性扭转为累进性（Wu L B et al.，2022）。针对菲律宾的研究指出，将碳税收入用于减免销售税，可以使碳税政策转为累进性从而减少收入不平等（Corong E L，2008）。针对印度尼西亚的研究认为，为了将福利损失最小化，实施碳税的同时需要降低销售税（Yusuf A A and Resosudarmo B P，2007；2008）。此外，通过减免销售税的方式循环使用碳收入，还能改善收入分布和减少贫困（Yusuf A A and Resoudarmo B P，2015）。基于减排的视角，使用碳税抵免消费税还可以起到较好的减排作用，而且有助于经济结构调整（Liu Y and Lu Y，2015）。但是针对巴西的研究认为，以减免消费税的形式将碳税返还给家庭不能降低基尼系数，不过可以增加投资和政府支出，从而有利于经济增长（Garaffa R et al.，2021）。

二、以增加收入为主的政府补助政策

（一）增加政府现金补助方案及效果

将碳规制收入通过现金补助的方式返还给家庭可以使累进性增加（West S E and Williams R C，2002），甚至可以将碳税的累退效应扭转为累进效应（Rausch S et al.，2011；Williams Ⅲ R et al.，2015；Goulder L H et al.，2018）。有的方案采用对所有家庭进行等额补助的方式。如果碳规制政策是燃油税，对收入分布中最低的 40% 的家庭而言，等额补助方式可以让这些家庭获益，因为相对富裕的家庭消耗较多燃油导致税负大于补助，而低收入家庭的燃油税税负小于获得的补助，因此等额补贴可以增加低收入者福利，缩小收入差距（Bento A M et al.，2009）。针对法国的研究也表明，等额的补助方案结合燃油税可以增加低收入者的福利并降低碳规制的累退效应（Bureau B，2011）。针对欧洲 11 国的研究也显示，如果将碳排放权交易时的部分收入以相同的额度补助给家庭，也可以使碳规制达到累进的效果（Vandyck T et al.，2021）。

除了等额补助，也有仅针对低收入群体的补助方案。如果将政府补助瞄准低收入的脆弱性群体，则脆弱性群体收入会增长，有助于降低收入不平等（Garaffa R et al.，2021）；如果对国家贫困线以下的贫困家庭进行现金补助，那么许多家庭因碳税导致的福利损失可以被抵消（Okonkwo J U，2021）。但是，如果补助的金额过少，将不足以抵消价格上涨带来的负面影响（Fullerton D and Monti H，2013）。这种支持方式虽然可以弥补碳规制带来的福利损失，但是这样的返还机制对劳动供给没有激励作用（Jorgenson D W et al.，2018），碳税导致的消费价格上涨和实际工资下降的不利影响并没有因政府补助而抵消（Diamond J W and Zodrow G R，2018）。

（二）其他补助方案及效果

除了直接给家庭增加政府补助，部分研究还尝试了其他的补助方案。在墨西哥，食品补贴的方式也有助于增强碳税累进的效果（Gonzalea F，2012）。

此外，碳税收入循环方式还可以用于社会保障项目，可以降低贫困发生率，增进最低收入分位家庭的经济福利（Saelim S，2019；Renner S et al.，2018）。然而，如果将碳规制的收入通过一般性转移支付返还给地方政府，将会产生经济扭曲，反而扩大了收入差距（Zhao Y B et al.，2022）。

第四节　文献评述

通过对国内外文献的梳理可以发现，碳规制对家庭经济福利的影响在 20 世纪 90 年代才开始引起国内外学者的注意。随着各国碳税政策、碳排放权交易政策的陆续实施，碳规制的家庭经济福利效应受到广泛热议。为了实现各国的减排目标，许多学者重点关注了碳规制的减排效率问题以及如何推动低碳技术创新、优化产业结构、促进经济增长。而关于碳规制对家庭福利的影响这一议题，现有研究重点关注了碳规制如何影响家庭经济福利，探讨了各国碳规制政策的经济归宿的分布情况以及对收入不平等的影响，并对提升碳规制政策累进性的税收循环方案展开讨论，但是仍存在进一步研究的空间。

一方面，为了促进我国经济高质量发展，加速向低碳转型，我国的碳规制政策主要面向企业开展。当前正处在碳达峰的攻坚时期，因此，分析我国碳规制所产生的社会经济效应时，应集中于宏观层面对经济增长的影响以及微观层面对企业的影响。虽然少数文献分析了碳规制的社会福利效应，但都基于宏观视角分析了对就业、不平等和贫困的影响，没有从微观家庭的视角，在理论和实证方面探析碳规制对家庭经济福利的影响。因此，在"双碳"目标下，所实施的碳规制政策对家庭会产生怎样的影响尚未可知。

另一方面，虽然国外学者探讨了各国碳规制政策对家庭经济福利的影响，但大多数是基于碳税的碳规制政策进行分析，可能并不适用于我国。只有切实了解我国碳规制措施对家庭经济福利的影响，才能让碳规制政策在促进"双碳"目标达成之时，兼顾家庭经济福利。

基于现有研究的不足，本书将从以下三个方面进一步展开研究。其一，本书基于我国"双碳"目标下碳规制的发展趋势，以碳排放权交易政策为例，构建碳规制影响家庭经济福利的理论模型，分析碳规制如何影响微观层面的家庭经济福利水平，并明确碳规制在收入端和消费端渠道各自产生了怎样的影响。其二，本书在碳规制影响家庭经济福利水平的基础上，综合收入端和消费端的影响，对碳规制在家庭中的经济归宿进行测度，并进一步探究碳规制如何影响家庭间收入不平等。其三，为了在促进碳规制政策减排降碳的同时兼顾家庭经济福利，本书将进一步探讨采取何种财税政策支持方案可以在实施碳规制政策后也能够提升家庭经济福利水平并减少收入不平等。通过上述研究，基于提升家庭经济福利和改善收入分布的视角，本书提出了优化碳规制政策、提升家庭经济福利和减少收入不平等的政策建议，为接下来市场化碳规制政策的完善、加快实现"双碳"目标与共同富裕目标提供有益借鉴。

第三章 碳规制的典型化事实

第一节 我国碳规制的发展历程

工业革命以来，化石能源的低效使用、土地利用变化、过度砍伐毁林等人类活动使二氧化碳大量排放，致使大气中温室气体浓度激增，与之相伴的是全球气候变暖问题日益严重。1979年，第一次世界气候大会呼吁保护气候；1992年的《联合国气候变化框架公约》和1997年的《京都议定书》奠定了应对气候变化国际合作的法律基础；后续的"巴厘路线图"（2007年）、《哥本哈根协议》（2009年）、《巴黎协定》（2016年）等国际性公约和文件不断强化全球气候治理，也加速了全球应对气候变化的进程。

中国积极参与全球气候变化治理，坚持《联合国气候变化框架公约》和《京都议定书》的基本框架，秉承"共同但有区别的责任"的原则为全球气候治理作出了积极贡献。在参与应对气候变化的初期，中国经济发展水平较低，也是受气候变化不利影响较大的国家之一，面对经济发展与气候治理两难的境地，我国所实施的各项碳规制政策的目的是协调发展与环境的关系，减缓气候变化的步伐，增强适应气候变化的能力。随着我国经济的逐步发展，以政府管理为核心的碳规制政策日渐多样化，对二氧化碳等温室气体排放的管制效力不断增强。

我国自2020年提出碳达峰碳中和的目标后，对二氧化碳等温室气体的减排任务更重，压力更大。为了提高碳规制政策的节能降碳效率，发挥更强劲的减排力度，我国的碳规制政策逐渐由"政府管理"向"市场化"治理转变，需要借助碳排放权交易制度发挥市场机制，以更具成本效益的方式促进低碳技术进步，推动经济高质量发展，加快实现"双碳"目标。

一、以"政府管理"为核心的碳规制政策

(一) 碳规制的初探

在意识到气候变化问题之初，我国尚未形成应对气候变化的碳规制政策，而是伴随着环境保护政策的建立而逐步形成碳规制政策。改革开放后，随着工业生产和城市发展规模的扩大，我国的环境保护事业步入有序发展时期，而碳规制主要内置于环境保护政策中，相关部门并没有出台关于减缓二氧化碳等温室气体排放的针对性政策。

1983 年，环境保护被正式确定为我国的一项基本国策，《"七五"时期国家环境保护计划》的发布意味着环境保护被纳入国民经济和社会发展计划之中，并成为重要的组成部分。在可持续发展的思想下，《关于出席联合国环境与发展大会的情况及有关对策的报告》《国家环境保护"九五"计划和 2010 年远景目标》《国务院关于环境保护若干问题的决定》等政策的相继出台使环境保护和碳规制形成了初步的管制体系。2001 年，国务院发布《中国 21 世纪议程——中国 21 世纪人口、环境与发展白皮书》，将环境保护纳入我国的长期发展规划。2002 年出台了《中华人民共和国清洁生产促进法》，意味着我国的污染治理模式有所改进，将由以往的末端治理方式优化为全过程控制。2004 年国家发展和改革委员会发布了《节能中长期专项规划》，2005 年国务院下发了《国务院关于加快发展循环经济的若干意见》，2006 年又发布了《国务院关于加强节能工作的决定》，这些政策的发布和落实进一步增强了环境保护的力度，也为我国应对气候变化、制定碳规制政策提供了有益借鉴。

根据《中华人民共和国气候变化初始国家信息通报》中的数据，1994 ~ 2004 年，二氧化碳排放量由 30.7 亿吨增长至 50.7 亿吨，温室气体排放总量的年均增长率约为 4%，相关数据显示出我国在促进经济增长的同时较好地控制了温室气体的排放。此外，2005 年，国家循环经济试点工作正式启动，重在探索发展循环经济的有效模式，这一政策使 2005 年中国可再生能源利用量达到 1.66 亿吨标准煤，相当于减排 3.8 亿吨二氧化碳，也为我国减缓二氧化碳排放作出了贡献[①]。

---

① 国务院关于印发中国应对气候变化国家方案的通知 [DB/OL]. 中国政府网，https：//www.gov. cn/zhengce/zhengceku/2008 – 03/28/content_5743. htm。

(二) 碳规制的确立

2006 年,中国在"十一五"规划中首次提出节能减排目标,并推出了一系列行动和政策。2007 年,国务院发布了《中国应对气候变化国家方案》,这是我国第一部应对气候变化的政策性文件,意味着我国初步形成了碳规制体系。

首先,通过设置多种约束性指标进行碳规制。例如,自"十一五"规划开始,我国的五年规划中均提到每单位国内生产总值的能耗降低目标、单位国内生产总值二氧化碳排放量下降目标、非化石能源占一次能源消费比重目标及森林面积、森林覆盖率和森林蓄积量目标等 5 年期的发展目标。此外,我国在联合国气候变化峰会上也会对中国应对气候变化提出中长期规划,例如,2009 年,中国承诺要在四个方面采取措施应对气候变化:一是要争取到 2020 年单位国内生产总值二氧化碳排放量比 2005 年有显著下降;二是争取到 2020 年非化石能源占一次能源消费的比重达到 15% 左右;三是要增加碳汇能力,争取到 2020 年,森林面积和森林蓄积量分别比 2005 年增加 4 000 万公顷和 13 亿立方米;四是通过低碳经济和循环经济大力发展绿色经济。在完成 2009 年的预期目标后,我国在 2020 年第七十五届联合国大会一般性辩论上提出了新的减排目标,承诺将提高国家自主贡献力度,采取更加完善的政策和措施,二氧化碳排放力争于 2030 年前达到峰值,努力争取 2060 年前实现碳中和。2020 年,在气候雄心峰会上进一步宣布,到 2030 年,中国单位国内生产总值二氧化碳排放将比 2005 年下降 65% 以上,非化石能源占一次能源消费的比重将达到 25% 左右,森林蓄积量将比 2005 年增加 60 亿立方米,风电、太阳能发电总装机容量将达到 12 亿千瓦以上。这些约束性指标是我国应对气候变化做出的承诺,我国也将围绕这些目标制定并实施一系列碳规制政策。

其次,依托调整产业结构、优化能源结构、提高能源使用效率、增加碳汇等方式实行碳规制。对产业结构,主要是通过改造提升传统产业、提高高耗能行业准入门槛、淘汰落后产能、发展战略性新兴产业、加快发展服务业等方式降低碳排放。对能源结构,主要通过发展天然气、煤层气、页岩气等清洁能源,以及开发利用水能、核能、风能、太阳能、生物质能等非化石能源的方式优化能源结构,降低化石能源的比重,减少碳排放。对能源使用,主要通过节约能源、推广节能技术与产品、发展循环经济等方式控制能源的使用量并提高能源利用率。对于增加碳汇,主要是通过提高森林蓄积量、扩大退牧还草和退耕还林等项目保护陆地植被,从而增加森林碳汇和草原碳汇,增强植被碳中和的能力。基于碳规制的总体目标，政府通过对产业、能源以及碳汇等方面的干预，不仅可以减缓二氧化碳排放，还能够以更加绿色低碳的方式促进经济增长。

再次，通过法律法规为碳规制提供法治保障。在实施碳规制政策的初期，我国缺少相关的法律法规，为了规范碳规制政策，我国相继制定或修订了《中华人民共和国循环经济促进法》《中华人民共和国清洁生产促进法》《中华人民共和国可再生能源法》《中华人民共和国节约能源法》《中华人民共和国大气污染防治法》等法律，颁布了《民用建筑节能条例》《人工影响天气管理条例》《高耗能特种设备节能监督管理办法》等法规，为碳规制的实施奠定法律基础，使碳规制有法可依，强化了碳规制的力度。此外，我国还出台了一系列重要的政策性文件，例如，制定了《中国应对气候变化国家方案》，各省市也出台了相应的计划和方案，还发布了《国务院关于加快发展循环经济的若干意见》《可再生能源中长期发展规划》《国务院关于加快发展节能环保产业的意见》等重要政策性文件，对我国相关部门和各省市每一年应对气候变化的碳规制政策进行引领和指导，大力推进相关碳规制政策的实施，发挥更好的碳规制效果。

最后，通过体制机制强化碳规制的落实。一方面，健全组织机构，2007年成立国家应对气候变化领导小组，要求各地区建立健全应对气候变化的管理体系，因地制宜地制定应对气候变化的相关政策，直至2009年，各省均建立应对气候变化的领导机构。在后续年份根据需要对相关职能部门进行扩充或调整，不断健全机制体制。另一方面，大力加强干部培训，增强干部的紧迫感和责任感，并将节能、降碳等目标责任纳入考核范围，通过政府绩效管理强化碳规制政策的落实。例如，对全国各省年度节能和控制能源消费总量目标完成情况和措施落实情况进行考核，逐渐形成了碳排放及碳强度下降目标年度考核的常态化机制。此外，我国还加强了对气候变化进行监测、评估、核算等技术的研发与培训。国家发展和改革委员会设立了应对气候变化司、应对气候变化统计工作领导小组，国家统计局设立了能源统计司等重要部门，各省也陆续组建了应对气候变化的专家队伍，联合高校培养了大批优质人才，为应对气候变化提供技术支撑，增强了应对气候变化的基础能力，也为碳规制政策的制定提供必要的统计核算体系支持。

（三）碳规制的经验积累

由于我国各省市的资源禀赋、碳排放基础、经济发展程度不尽相同，因此，在全国统一碳规制的基础上，我国从多个方面启动试点工作，力求基于各地特色对碳规制政策进行改革与探索，在总结规制经验的基础上形成可供推广的碳规制政策体系。

第一，开展低碳省区和低碳城市试点，积累碳规制经验。为了能够兼顾经济增长、改善民生、应对气候变化等多方面的目标，2010 年，我国开展了国家低碳省区和低碳城市试点，并选择广东、湖北、辽宁、陕西、云南 5 省和天津、重庆等 8 个城市作为首批试点，各试点均提出了"十二五"时期和 2020 年碳强度下降目标，并积极探索适合本地区的低碳发展可行途径，也为碳规制政策体系的完善提供试点经验。在第一批试点取得明显成效后，2012 年我国又在 29 个省市开展第二批低碳试点省区和低碳城市试点工作，2017 年在 45 个城市（区、县）开展第三批低碳城市试点。在低碳省市试点的基础上，我国进一步开展了低碳产品认证试点、低碳社区和低碳园区试点、低碳交通试点、低碳城镇试点等政策，截至 2022 年，低碳试点工作已经覆盖了能源、工业、建筑、交通、金融等领域，由于各试点积极探索节能降碳、绿色转型的新经验和新做法，试点省市碳排放强度显著下降，2019 年，中国碳排放强度比 2015 年降低了 17.9%[①]，取得了显著成效。

第二，在产业、能源、碳汇等领域开展试点项目，提升碳规制效能。在产业方面，积极开展服务业综合改革试点，推进区域工业绿色转型发展试点等工作，使我国的产业结构不断优化升级，起到显著的节能降碳效果。在能源方面，我国陆续开展工业能耗在线监测试点、低碳交通运输体系建设城市试点、园区循环化改造示范试点、北方地区冬季清洁取暖试点、智能光伏试点、绿色电力交易试点等，能源节约效果显著，相当于少排了大量的二氧化碳。在碳汇方面，我国先后开展了碳汇造林试点，包括各类森林可持续经营试点、国家湿地公园试点、森林适应气候变化试点、"互联网＋全民义务植树"试点等项目，由于加强了森林的保护，加速了林草的恢复，使森林植被储量明显提升，森林碳汇能力显著增强。

为了应对气候变化，减缓二氧化碳排放，自我国碳规制政策确立以来，在各级政府的管理下，采用了多样化、多领域、全覆盖的碳规制形式。无论是约束性指标的设立，还是利用试点政策将节能降碳在横向多领域扩展，在纵向深入布局，均在政府管理的推动下实现了各时期的降碳目标。在中国特色社会主

---

① 生态环境部. 中国应对气候变化的政策与行动 2020 年度报告 [R]. 中华人民共和国生态环境部网站，https：//www. mee. gov. cn/ywgz/ydqhbh/syqhbh/202107/t20210713_846491. shtml。

义制度优势下采用以政府管理为核心的碳规制政策可以有效实现节能降碳的目的，但是这种碳规制政策仍存在一定的弊端，比如对政府的监管要求较高、执行成本较大，而对于企业来说，过于刚性的要求使企业缺少生产的自主选择权，难以形成有效的低碳转型激励。

二、以"市场化"为核心的碳规制政策

为了提高碳规制的成本效率，借助市场机制应对气候变化成为全球重要的碳规制手段，碳税和碳排放权交易就是两个非常重要的市场化碳规制政策。通常而言，碳税是以减少二氧化碳排放为目的，对化石燃料按照含碳量或碳排放量进行征税，基于芬兰、波兰、瑞士、挪威等国家碳税的实施情况可知，碳税能够有效减少二氧化碳排放。而碳排放权交易是由政府设定一段时期内的碳排放总量，在总量范围内发放碳排放权，并允许碳排放权在市场中进行交易，在减排成本与碳排放权价格的综合考量下，能够激励企业自主降低二氧化碳等温室气体的排放。2005 年，欧盟启动全球第一个温室气体排放总量控制下的碳排放权交易市场，自此，碳排放权交易成为美国、澳大利亚、加拿大、新西兰、日本等国应对气候变化的重要碳规制政策。

理论上，在完全竞争、信息对称和零交易费用等条件下，碳税和碳排放权交易机制可以达到一致的减排效果。但由于我国能源价格没有完全市场化，不适合采用碳税的市场化碳规制手段减少二氧化碳排放，而碳排放权交易政策可以稳定地控制二氧化碳排放数量（边永民，2009）并确保实现减排目标，因此，碳排放权交易制度成为我国应对气候变化、降低碳排放的重要市场化碳规制手段。此外，我国早在 2005 年以开发核证减排量和自愿减排量项目的方式，在国际碳市场中获得了较大收益（唐人虎和陈志斌等，2022），因此，基于国际上碳排放权交易市场的经验，以及中国应对气候变化的需求和实际国情，我国在 2011 年后开始逐步推进碳排放交易市场的建设。

（一）碳排放权交易试点情况

国家发展和改革委员会于 2011 年宣布将在北京市、天津市、上海市、重庆市、湖北省、广东省和深圳市启动碳排放权交易试点工作。2016 年，福建省作为我国首个生态文明试验省也启动了省内碳市场，由此形成了 8 个区域碳市场。在试点阶段，我国碳排放权交易体系由碳排放权交易市场和自愿减排机制（CCER）两部分构成。相关监管部门设定一段时间内的碳排放总量，并将

碳排放权按照试点规定的方式发放给重点行业的企业。企业获得碳排放配额后，如果实际排放量低于配额，则可以在碳交易市场中售卖配额，如果实际排放量超过配额，则需在碳交易市场中向其他企业购买碳排放量。此外，未纳入碳排放权交易政策管制的企业也能够通过自愿减排机制参与其中，可以出售由国家发展和改革委员会签发的自愿减排项目的减排量（中国核证自愿减排量，CCER）获得收益。

在碳排放权交易政策初探时期，每个试点省市根据我国碳规制的总体要求，结合自身发展的需要，制定了总体架构相对一致、细节之处保留地区差异的碳排放权交易制度。碳排放权交易制度在覆盖范围、配额总量、分配方式等内容上存在一定差别，表3-1汇总了我国8个碳排放权交易试点的行业覆盖范围的基本情况。

表3-1 我国碳排放权交易试点覆盖行业情况对比

试点省市	覆盖行业
北京市	电力、热力、水泥、石化、其他工业和服务业、交通
天津市	电力、热力、钢铁、化工、石化、油气开采、建材、造纸、航空
上海市	电力、钢铁、石化、化工、有色、建材、纺织、造纸、橡胶和化纤、航空、机场、港口、商业、宾馆、商务办公建筑和铁路站点
重庆市	发电、化工、热电联产、水泥、自备电厂、电解铝、平板玻璃、钢铁、冷热电三联产、民航、造纸、铝冶炼、其他有色金属冶炼及延压加工
湖北省	电力、钢铁、水泥、化工、石化、造纸、热力及热电联产、玻璃及其他建材、纺织业、汽车制造、设备制造、食品饮料、陶瓷制造、医药、有色金属和其他金属制品
广东省	电力、水泥、钢铁、石化、陶瓷、纺织、有色、化工、造纸、民航
深圳市	电力、水务、制造业、建筑
福建省	电力、建材、钢铁、有色、化工、石化、民航、造纸

资料来源：根据碳排放交易网内的信息整理，网址：http://www.tanpaifang.com/。

由于各试点省市的经济结构不同，主导行业有所区别，因此碳排放权交易政策覆盖的行业范围有较大不同。从各试点覆盖的行业范围可以看出，碳排放量较高、减排空间较大的行业均被覆盖，其中，电力、水泥、化工是覆盖率较高的重点行业。而将公共建筑、服务业、交通运输业等行业纳入管控范围，主要是因为相应的试点省市第三产业占主导地位。此外，湖北省试点行业覆盖的范围相对较广，主要是因为其他试点省市先选择管控行业，再依据碳排放量选择管控行业内需要控制碳排放的企业（以下简称控排企业），而湖北并非先指定行业范围再设定控排企业，而是直接依据碳排放量门槛判别哪些企业需纳入碳交易管制，因此覆盖的行业较多。

各试点省市综合考虑了单位 GDP 碳排放强度下降目标和能耗下降目标，将约束性指标转化为碳排放量控制目标，最终确定各自的碳排放权配额总量，并将配额分配给控排企业，但各试点配额的分配方式有所不同。大多数试点采用初始配额免费分配的形式将配额发放给控排企业，而深圳市、北京市、广东省还将少量的配额（少于年度配额总量的 5%）以拍卖的形式有偿发放。在现行规则的基础上，各试点也在探索逐步提高配额有偿发放的比例以及发放的灵活性，以推动市场配额的合理供给，并为全国碳市场积累经验。

尽管碳排放权交易制度属于市场化的碳规制政策，但仍需要政府在核查、CCER 抵消管理、履约处罚、市场调控的过程中发挥作用。第一，政府需要制定核查技术规范体系，对第三方核查机构进行监督和管理，或组织专家对核查结果进行复查。第二，政府需要制定抵消机制，各试点可以用 CCER 作为碳排放抵消指标，但是抵消比例不同，如北京市、上海市的试点要求抵消比例不得超过当年实际排放量的 10%，深圳市、湖北省的试点要求抵消比例不得超过配额量的 10%。第三，为督促企业履约，各试点均规定了相应的处罚措施，主要通过罚款、下一年配额缩减、取消优惠资格、社会信用曝光等手段敦促控排企业按时履约。第四，政府还会对碳市场中的碳价进行干预，干预手段主要分为两种，一种是通过回购配额或出售配额的方式进行干预，另一种是根据碳价涨跌幅、交易量等限制交易，以此稳定碳市场。

我国碳排放权交易试点政策实施的过程中，各试点碳市场的减排成效显著，无论是碳排放总量还是碳排放强度都达到了预期的降碳目标。作为市场化的碳规制政策，碳排放权以产品的形式可以在企业之间进行交易，通过价格信号和市场机制影响企业的盈利、投资等状况，从而激励越来越多的企业自主改进低碳技术，积极参与节能减排。近十年的试点实践结果表明，与在政府管理推动下的碳规制政策相比，市场化碳规制政策减排成本更低，依靠市场化的碳规制政策不仅可以减少企业温室气体的排放，还能够推动经济发展与碳排放脱钩，兼顾经济发展与节能减排。

（二）全国碳排放权交易的运行与发展

碳排放权交易试点政策运行期间，各试点碳市场已经逐渐摸索出符合我国国情的碳排放权交易模式，为设计、建设和运行全国碳市场提供了切实可行的宝贵经验。2017 年，我国在试点经验的基础上筹备建设全国碳排放权交易市场，2021 年 7 月 6 日，全国碳排放权交易市场正式开启线上交易。当前，我国全国碳排放权交易市场仅覆盖发电行业，随着全国碳市场的逐步完善，将陆续纳入石化、化工、建材等高耗能、高排放行业。尽管目前只有发电行业，但在全国碳市场启动后，年度覆盖二氧化碳约 45 亿吨，这也标志着我国建成了全球规模最大的碳市场。在全国碳排放权交易市场第一个履约期内，碳排放配额累计成交量 1.79 亿吨，累计成交额 76.61 亿元，成交的碳价平均为 42.85元/吨，每日的碳价在 40 ~ 60 元/吨波动①，减少碳排放的成果较为显著，碳规制的强度也较为稳定。

目前，我国的碳排放权交易市场仍然处于起步阶段，相关政策较为温和，碳排放权配额的分配方式还是以免费分配为主，但当前我国碳排放权免费配额分配方式以及较低的碳价很难有动力进行更大程度的减排（平新乔等，2020）。然而，随着未来全国碳排放权交易市场制度的不断完善，覆盖行业将进一步扩大，参与主体会逐渐多元化，配额分配方式由免费分配向有偿分配转变，因此，通过全国碳排放权交易制度形成的碳规制强度也将逐渐增强。根据《2020年中国碳价调查报告》的预测，到 2030 年，中国的平均碳价将从 2020 年的49 元/吨上升到 93 元/吨。可以预见的是，随着全国碳市场不断健全，以碳排放权交易为核心的市场化碳规制政策将成为推动企业绿色低碳发展的重要措施，也将成为实现我国"双碳"目标的核心政策工具，在实现碳达峰碳中和的过程中将发挥重要作用（胡鞍钢，2021）。

第二节　我国碳规制的实施情况

目前针对碳规制的测度方法主要沿袭了对环境规制的测度手段，为了测度碳规制的强度，需借助代理变量进行度量，可以分为单一指标法和综合指数法。单一指标法是采用单个指标衡量碳规制的强度，例如从成本角度，采用单位产值的二氧化碳减排成本；从排放量角度，以各地或行业二氧化碳排放量的大小衡量碳规制强度；从投资角度，可通过对节能降碳投资额度测度碳规制程度；从公众监督角度，可以采用信访来访人数、环境信访举报数、环境事件披

① 生态环境部. 全国碳排放权交易市场第一个履约周期报告 [R]. 中华人民共和国生态环境部网站，https://www.mee.gov.cn/ywgz/ydqhbh/wsqtkz/202301/t20230101_1009228.shtml。

露数量等测度碳规制强度。综合指数法即对多个指标赋予权重来构造成一个综合指数度量碳规制,其中的赋权方法可以分为熵值赋权法、调整系数法、算术平均法等。此外,也有研究采用主成分分析方法构造碳规制的综合指数。

本书依据可以获取的数据,将从以下三个方面分析我国在"双碳"目标下碳规制的实施情况:从能源消费、碳价情况分析我国碳规制的实施强度;从二氧化碳排放情况分析我国碳规制的减排成效;利用基于松弛变量的超效率测度模型(Super-Efficiency Slacks-Based Measure,SBM),围绕"双碳"目标构建投入产出指标体系,对我国碳规制的效率进行评价,从而分析"双碳"目标下碳规制的实施效率。

一、我国碳规制的实施强度

由于我国是能源消费大国,在"双碳"目标下,从能源消费的角度减少二氧化碳的排放具有较大的潜力,因此为了减少二氧化碳等温室气体的排放量,我国对能源使用效率进行了约束,主要体现为单位 GDP 能耗指标。该指标成为各地方政府综合考核评价中的重要指标。图 3-1 反映了 2000~2021 年我国能源消费总量和每万元 GDP 能耗变动情况。可以看出,在此期间,我国的能源消费总量持续上涨,且增速基本保持一致,但是,每万元 GDP 能耗呈下降趋势,从 2000 年的 1.47 吨标准煤/万元降至 2021 年的 0.46 吨标准煤/万元,在 2005 年后降幅增大,这意味着自从实施碳规制之后,我国的能源使用效率显著提升,经济结构也在优化和升级。由于第三产业对能源的消耗需求比第二产业更小,因此每万元 GDP 能耗的下降也反映出依托产业结构调整和经济结构优化而进行的碳规制政策节能成效显著。

在"十一五"规划中,我国提出到 2010 年单位 GDP 能耗比"十五"时期降低 20% 左右,我国基本完成该指标,单位 GDP 能耗降低了 19.06%[1];在"十二五"期间,我国的目标为单位 GDP 能耗降低 16%[2],而实际上超额完成目标,累计下降 18.2%[3];在"十三五"规划中,我国的目标是单位 GDP 能

---

[1] 指标更绿·约束更多·手段多元——解读"十二五"规划纲要草案节能减排约束性指标 [DB/OL]. 中国政府网,https://www.gov.cn/2011lh/content_1817048.htm。

[2] 比 2010 年的 1.034 吨标准煤下降 16% [DB/OL]. 中国政府网,https://www.gov.cn/gongbao/content/2012/content_2217291.htm。

[3] "十二五"期间单位 GDP 能耗累计降 18.2% [DB/OL]. 人民网,http://env.people.com.cn/n1/2015/1230/c1010-27993279.html。

耗累计降低15%，实际上该指标降低13.2%[1]。由此可见，我国单位 GDP 能耗的碳规制措施节能降耗成效显著，能源使用效率提升较快，产业结构的优化调整效果较好。

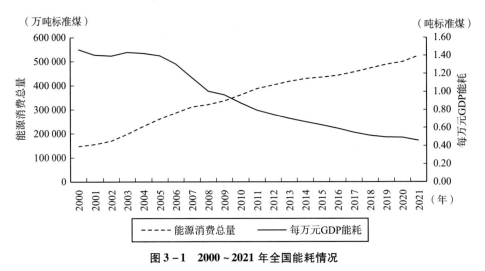

图 3 - 1　2000 ~ 2021 年全国能耗情况

资料来源：根据国家统计局提供的数据整理绘制，https：//www. stats. gov. cn/。

　　碳排放权交易试点的碳价也可以反映我国在"双碳"目标下市场化碳规制政策的强度。图 3 - 2 为我国 2013 ~ 2020 年包含北京市、上海市等 8 个碳排放权交易试点的年均碳价情况，从碳价的水平来看，北京市的碳价相对较高，而重庆市的碳价相对较低。从碳价的变动趋势来看，在碳排放权交易之初，碳价水平相对较高，而在 2015 ~ 2018 年，各试点省市的碳价水平均处于低位，在 2018 年后，碳价水平均有所上涨。我国试点碳价历史最高水平为 122.97 元/吨二氧化碳（深圳），历史最低水平为 1 元/吨二氧化碳，而欧盟碳配额现货碳价历史最高水平折合人民币约为 380 元/吨二氧化碳，最低水平折合人民币约为 22 元/吨二氧化碳。与国际碳市场相比，我国试点省市的碳价水平相对较低。但由于我国进行市场化的碳规制政策处于初期阶段，试点期间的碳规制强度相对缓和，因此碳价水平相对较低属情理之中。

---

　　① "十四五"规划《纲要》主要指标之 14 | 单位 GDP 能源消耗降低 [DB/OL]. 国家发展和改革委员会，https：//www. ndrc. gov. cn/fggz/fzzlgh/gjfzgh/202112/t20211225_1309661. html。

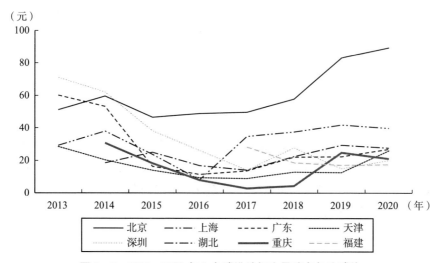

图 3 – 2　2013 ～ 2020 年 8 个碳排放权交易试点年均碳价

资料来源：根据万得资讯数据库数据整理绘制，https：//www.wind.com.cn/。

二、我国碳规制的减排成效

由于在"双碳"目标下我国更注重二氧化碳等温室气体的排放情况，因此，不仅需要从源头上控制化石能源的使用，还要在排放端减少二氧化碳等温室气体的排放量。

图 3 – 3 反映了 2000 ～ 2019 年我国二氧化碳排放量的总体情况。从整体趋势可以看出，我国二氧化碳排放量呈逐年上升的趋势。在 2010 年以前，二氧化碳排放量的增速较快，2011 年以后，二氧化碳排放量的增速放缓。这一趋势与我国碳规制政策中的碳排放交易试点政策相吻合。2010 年我国宣布实施碳排放权交易试点工作后，我国的二氧化碳排放量在市场机制下得到了有效控制，但由于我国的二氧化碳排放量还未达到峰值，因此当前未出现二氧化碳排放量下降的转折点。

为了深入了解我国二氧化碳排放情况，本书将分析除西藏自治区和港澳台地区以外的 30 个省份主要年份二氧化碳排放量的情况，具体见表 3 – 2。首先，从各省份二氧化碳排放的相对值来看，各省份二氧化碳排放量差距较大，以 2019 年为例，海南省二氧化碳排放量仅为 43 百万吨，而山东省的二氧化碳排放量高达 937 百万吨，相差 21 倍有余。其次，从各省份在 2000 ～ 2019 年二氧化碳排放总量的变化趋势来看，北京市、吉林省、上海市、河南省、重庆市、四川省和云南省等省市的二氧化碳排放量已在 2015 年前后达到峰值，随后呈下降趋势，而其他省市二氧化碳排放量未见拐点，2019 年后的排放总量有可能会进一步增加。最后，结合碳排放权交易试点来看，2011 年国家发展和改革委员会批准在北京市、天津市、上海市、重庆市、湖北省、广东省和深圳市开展试点工作，并在 2013 年和 2014 年初陆续正式启动交易，2016 年 9月，福建省也启动了碳排放权交易机制。截至 2019 年，北京市、上海市、重庆市三个直辖市的二氧化碳排放量有所下降，但天津市、福建省、湖北省和广东省等省市的二氧化碳排放量未显示回落。主要原因可能在于，各试点内部碳排放交易的制度设计各有不同，所覆盖的行业、企业数量、配额总量、配额分配方法、可交易气体的类型以及碳市场发育的情况均存在差异，因此各试点省份对二氧化碳的管制强度有所不同。

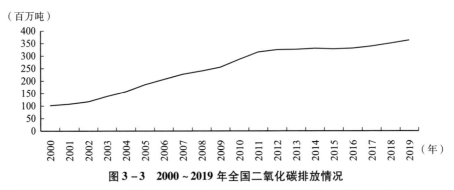

图 3 - 3　2000～2019 年全国二氧化碳排放情况

资料来源：根据中国碳核算数据库、2001～2020 年《中国统计年鉴》公布的数据绘制，https：//www. ceads. net. cn/，https：//www. stats. gov. cn/。

表 3 - 2　　　　　　　　　　主要年份各省份二氧化碳排放量　　　　　　　单位：百万吨

省份	2000 年	2005 年	2010 年	2015 年	2019 年	省份	2000 年	2005 年	2010 年	2015 年	2019 年
北京	68	92	105	93	88	河南	162	336	514	527	461
天津	58	89	139	154	159	湖北	137	189	338	318	355
河北	237	459	682	788	914	湖南	77	179	262	293	311
山西	148	290	443	462	567	广东	200	342	477	515	586
内蒙古	106	241	491	602	794	广西	56	99	175	203	247
辽宁	213	280	459	494	533	海南	9	17	29	42	43
吉林	83	143	203	208	204	重庆	71	82	145	164	156
黑龙江	125	158	225	273	278	四川	105	170	305	332	315

续表

省份	2000 年	2005 年	2010 年	2015 年	2019 年	省份	2000 年	2005 年	2010 年	2015 年	2019 年
上海	118	159	196	195	193	贵州	81	146	192	235	261
江苏	199	396	590	722	805	云南	53	133	198	180	186
浙江	131	256	361	379	381	陕西	59	122	225	284	296
安徽	119	157	271	364	408	甘肃	54	84	128	160	165
福建	56	124	201	234	278	青海	12	20	32	51	52
江西	53	96	152	216	242	宁夏	1	52	98	142	212
山东	195	557	796	855	937	新疆	65	101	170	346	455

资料来源：根据中国碳核算数据库的数据整理绘制，https：//www. ceads. net. cn/。

三、我国碳规制的实施效率

既往研究常以碳规制强度进行实证分析，部分研究仅从治污资金投入或人员投入的角度选择代理变量来反映碳规制的实施力度（张成等，2010，2011），但是投入越多并非代表碳规制的效果越好，可能会因为管制效率低下导致投入的人力、物力、财力出现浪费。也有部分研究从减排效果的角度选择代理变量（Cole M A and Elliott R J R，2003；张文彬等，2010），以污染减少的数量衡量碳规制的强度，但是相同的减排效果可能是由不同的碳规制政策组合和不同的资源能源投入量实现的，仅从结果角度测度碳规制无法体现碳规制政策的实施情况和管理情况。简言之，从资源投入视角或减排效果视角测度碳规制的方法对我国碳规制的考量不够全面，且仅提升碳规制强度并不能充分满足我国"双碳"目标下碳规制的需求。

本书将在碳规制强度和碳规制成效的基础上进一步分析我国碳规制的效率。立足于"双碳"目标，本书围绕碳达峰、碳中和构建碳规制评价指标体系，分析我国碳规制的特征、趋势与存在的问题。2021 年 9 月，《中共中央　国务院关于完整准确全面贯彻新发展理念做好碳达峰碳中和工作的意见》强调，要持续降低单位产出能源资源消耗和碳排放，提高投入产出效率，即表明要在投入环节节约能源资源，在产出环节减少碳排放并提高森林覆盖率，强化植物的碳中和作用。鉴于此，本书采用非径向、非角度的超效率 SBM 模型（Tone K，2002）对碳规制进行综合评价，依据利用较少的能源和资源消耗，实现更多的产出并减少污染排放的碳规制内涵。在已有研究的基础上，本书围绕我国的"双碳"目标构建碳规制的评价指标体系，对我国"双碳"目标下各省的碳规制实施效率进行综合性评价，从而进一步分析当前我国碳规制政策的主要特点。具体的投入和产出指标体系见表 3 – 3。

表 3 – 3　　　　　　　测度碳规制实施效率的投入和产出指标体系

一级指标	二级指标	表征变量
投入指标	资本投入	全社会固定资产总额
	劳动投入	年末从业人员数
	土地投入	城市建设用地面积
	化石能源投入	煤炭、焦炭、汽油、煤油、柴油、燃料油、天然气 7 类化石能源的消费量
产出指标	期望产出指标	人均 GDP
		森林覆盖率
		陆地植被固碳量
	非期望产出指标	二氧化碳排放量
		二氧化硫排放量
		化学需氧量排放量
		氨氮排放量

投入指标中，除文献中常用的资本投入、人力投入和土地自然资源投入外（胡彪等，2015；陈浩等，2015；张健等，2016；杨佳伟和王美强，2017），为体现"双碳"目标中降低化石能源使用规模的要义，本书增添煤炭、焦炭、汽油、煤油、柴油、燃料油、天然气这 7 种化石能源的消费量，以反映因化石能源投入冗余对碳规制实施效率的影响。

期望产出指标中，除文献中常用的人均 GDP 指标外，本书还增添了森林覆盖率和陆地植被固碳量。一方面，人均 GDP 可以体现促进经济发展的目的；另一方面，期望产出指标还要体现利用植被中和二氧化碳的碳中和能力，因此除反映植被规模的森林覆盖率指标外，本书还选用体现植被固碳能力的陆地植被固碳量指标。

在非期望产出指标的选取上，本书从空气污染和水污染两个方面分别选取各省二氧化碳排放量、二氧化硫排放量两个空气污染指标，以及化学需氧量排放量、氨氮排放量两个水污染指标。一方面，体现"双碳"目标中减少大气污染物和温室气体的排放的要求；另一方面，二氧化硫过多造成的酸雨，以及水资源的污染会降低植被中和二氧化碳的能力，因此要降低相关污染物的排放，为植被生长创造良好条件以促进"双碳"目标的达成。

（一）我国碳规制实施效率的总体特征

为分析中国各省碳规制实施效率的特征和动态趋势，本书采用等间距分类法（Bian J et al.，2020）将超效率 SBM 模型测算所得的各省碳规制实施效率值分为 6 类，分别是优秀（EE≥1）、良好（0.8≤EE＜1）、较好（0.6≤EE＜0.8）、一般（0.4≤EE＜0.6）、较差（0.2≤EE＜0.4）和最差（0≤EE＜0.4），将每年各类别对应的省份个数、碳规制实施效率均值和效率的极差反映在表 3-4 中。

表 3-4　　　　　　　　我国碳规制实施效率的总体特征及动态趋势

年份	均值	优秀	良好	较好	一般	较差	最差	极差
2004	0.891	20	0	0	1	7	2	1.558
2005	0.846	19	0	0	2	5	4	1.616
2006	0.822	19	0	0	1	6	4	1.468
2007	0.767	15	0	1	4	6	4	1.469
2008	0.821	18	0	0	3	6	3	1.527
2009	0.827	18	0	0	1	7	4	1.558
2010	0.820	19	0	0	1	4	6	1.654
2011	0.827	18	0	1	1	4	6	1.646
2012	0.843	19	0	0	1	6	4	1.644
2013	0.798	17	0	1	2	5	5	1.602
2014	0.765	16	0	0	2	7	5	1.625
2015	0.763	16	0	0	2	7	5	1.639
2016	0.783	17	0	0	1	7	5	1.636
2017	0.820	18	0	0	3	4	5	1.626

资料来源：利用 Matlab2022 软件计算并绘制。

表 3-4 的结果显示，一方面，我国碳规制的平均实施效率水平约为 0.8，总体情况良好；但在 14 年间呈波动下降的趋势，由 2004 年的 0.891 降至 2015 年的 0.763，2015 年后稍有回升但幅度不大，表明我国碳规制实施效率有待进

一步提升。另一方面，省份间碳规制实施效率水平差距较大。从分组的省份数量可以看出，每年超过半数省份能够达到优秀类别，但其余省份多集中于较差和最差的类别，碳规制实施效率水平在 0.6 ~ 1 存在断层，表明省份间碳规制实施效率差距较大，直至 2017 年差距并没有缓和迹象，碳规制实施效率水平两极分化的情况较为严重。总体而言，我国碳规制总体表现良好但没有上升趋势，省份间碳规制实施效率水平差距大是阻碍整体碳规制实施效率提升的重要原因。

（二）我国碳规制实施效率的区域特征

鉴于碳规制实施效率在省份间不平衡的现象较为严重，本书将按照地理区域划分样本并分析碳规制实施效率的区域特征。如表 3 - 5 所示，从总体均值来看，西部地区碳规制的平均效率水平较高，东北地区次之，中部地区最低。这一结果可以反映出，在经济发展与环境保护的过程中，部分省份可能会为了促进经济增长而损害生态环境，从而在能源消耗、碳排放与环境保护之间无法同时兼顾，导致碳规制实施效率较低。

表 3 - 5　　　　　　　　　　碳规制实施效率的区域特征

年份	东部地区				中部地区			
	均值	最大值	最小值	极差	均值	最大值	最小值	极差
2004	0.841	1.606	0.183	1.423	0.809	1.182	0.171	1.011
2005	0.858	1.477	0.124	1.352	0.733	1.447	0.137	1.309
2006	0.774	1.471	0.124	1.348	0.691	1.223	0.139	1.084
2007	0.718	1.478	0.123	1.354	0.491	1.209	0.140	1.069
2008	0.719	1.559	0.116	1.442	0.589	1.198	0.150	1.048
2009	0.750	1.551	0.112	1.439	0.451	1.193	0.152	1.041
2010	0.750	1.749	0.095	1.654	0.546	1.112	0.152	0.960
2011	0.729	1.749	0.103	1.646	0.555	1.093	0.139	0.954
2012	0.759	1.747	0.103	1.644	0.573	1.074	0.152	0.922
2013	0.734	1.670	0.107	1.563	0.573	1.184	0.140	1.044
2014	0.700	1.653	0.104	1.549	0.449	1.209	0.140	1.070
2015	0.705	1.633	0.100	1.532	0.449	1.174	0.131	1.044
2016	0.678	1.558	0.091	1.467	0.463	1.268	0.118	1.150
2017	0.690	1.584	0.083	1.501	0.585	1.275	0.135	1.140

续表

年份	西部地区				东北地区			
	均值	最大值	最小值	极差	均值	最大值	最小值	极差
2004	0.992	1.728	0.241	1.487	0.851	1.155	0.314	0.841
2005	0.896	1.740	0.185	1.555	0.846	1.146	0.263	0.883
2006	0.929	1.592	0.196	1.397	0.857	1.193	0.275	0.917
2007	0.937	1.592	0.267	1.325	0.856	1.146	0.279	0.867
2008	1.022	1.643	0.252	1.391	0.890	1.247	0.297	0.950
2009	1.096	1.670	0.222	1.449	0.845	1.149	0.302	0.847
2010	1.034	1.660	0.159	1.500	0.821	1.104	0.284	0.820
2011	1.072	1.660	0.193	1.467	0.799	1.117	0.228	0.889
2012	1.083	1.672	0.202	1.470	0.784	1.082	0.217	0.865
2013	0.982	1.710	0.209	1.500	0.783	1.087	0.215	0.873
2014	0.987	1.729	0.220	1.509	0.798	1.111	0.215	0.896
2015	0.972	1.740	0.225	1.515	0.811	1.098	0.257	0.840
2016	0.972	1.727	0.213	1.515	1.081	1.127	1.019	0.108
2017	0.997	1.709	0.220	1.489	1.074	1.112	1.022	0.090

从各区域的极值来看，四个区域内部碳规制实施效率的极差较大，其中，东部地区和西部地区区域内不平衡程度较高，中部地区碳规制实施效率较低的省份居多，导致其区域内部省份的差距相对较小。从时间趋势来看，东部地区整体的碳规制平均效率水平呈下降趋势，从 2004 年的 0.841 降至 2017 年的 0.690，主要原因在于碳规制实施效率较高的省份境况没有进一步提升，而碳规制实施效率水平较低的省份增多且程度恶化；中部地区的碳规制平均效率水平也呈下降趋势，且下降的程度比东部地区更大，从 2004 年的 0.809 降至 2017 年的 0.585；对于西部地区而言，碳规制平均效率水平较高，在 2008 年至 2012 年实现了超效率，虽然在 2013 年后碳规制实施效率水平略有降低，但总体仍接近有效水平，然而区域内部差距并没有改善；东北地区的碳规制的实施效率在 2016 年后有明显提高，且区域内部差距显著缩小。总体而言，我国碳规制实施效率的区域特征显示出区域间和区域内部差距较大的问题，而且对于东部、中部、西部三个主要区域，区域内碳规制实施效率水平的差距相对更大，不平衡程度较深。

第三节 本 章 小 结

本章对我国碳规制的典型化事实进行了分析。一方面，梳理了改革开放以来我国碳规制的发展历程，对以"政府管理"为核心的碳规制政策和以"市场化"为核心的碳规制政策进行归纳总结；另一方面，本书利用可获取的相关数据，对我国在"双碳"目标下碳规制的实施情况进行了统计分析。

对我国碳规制的演化历程及分类归纳进行分析后的结果表明，改革开放后，我国的碳规制政策经历了从无到有、从以政府管理为核心转向以市场化为核心的过程，形成了覆盖领域较全面、规制层次更深入、政府与市场紧密结合的格局。

对于我国在"双碳"目标下碳规制政策的实施情况，分析结果如下。

第一，我国能源消费的效率明显提高。虽然能源消费量持续增加，但是单位 GDP 能耗在逐年下降，从"十一五"到"十三五"期间，我国的单位 GDP 能耗降低目标均已实现，而在 2021 年已降至每万元 GDP 能耗 0.46 吨标准煤，不仅体现出我国经济增长方式已由粗放型转变为集约型，也表明我国的产业结构在优化升级，在"双碳"目标下，能源使用的清洁化转型将有助于单位 GDP 能耗进一步降低。

第二，从碳排放权交易试点期间的碳价来看，与其他国家的碳排放价格水平相比，我国的碳排放权交易政策还在起步阶段，碳规制强度较为温和，平均碳价水平较低，在部分试点地区甚至有过 1 元/吨二氧化碳的水平，由于市场化碳规制的效能尚未完全发挥，因此许多试点省份二氧化碳的排放量还未达到峰值。但 2021 年后，随着全国碳市场正式启动交易，我国的碳排放交易政策将逐渐步入正轨，有望通过更正式、更完善的碳排放权交易制度加强市场化碳规制的减排力度和二氧化碳的减排速度。

第三，从二氧化碳的减排成效来看，现阶段我国每年二氧化碳排放量仍在持续增长，但在碳规制的约束下增速有所减缓，因此 2030 年前实现碳达峰目标指日可待。从各省市二氧化碳的排放情况来看，截至 2020 年，已有 7 个省份的二氧化碳排放量达到峰值，并且排放总量开始逐年降低，但我国仍有多个省市的二氧化碳排放量在持续增加。结合碳排放权交易试点来看，部分试点省份的二氧化碳排放量还在持续增长，市场化碳规制政策的减排效果还有进一步优化的空间。

　　第四，从碳规制的实施效率来看，本书基于超效率 SBM 模型测度了各省份 2004～2017 年碳规制的实施效率，并从总体特征和区域特征角度进行分析，结果发现：（1）我国碳规制实施效率在十四年间呈波动下降的趋势，但总体效率水平保持在良好状态；（2）省份之间碳规制实施效率水平差距较大，每年超过半数的省份能够达到优秀水平，其余省份集中于较差和最差的水平，且省份间碳规制实施效率的差距在十四年间没有缓和迹象；（3）从区域特征来看，西部地区碳规制平均效率水平较高，东北地区次之，中部地区的效率水平最低；（4）各区域内部碳规制实施效率水平差距也较为突出，东部地区和西部地区区域内不平衡程度较高；（5）我国省份间的碳规制实施效率水平显示出在区域之间和区域内部差距较大，且东部、中部、西部三个主要区域内部碳规制实施效率水平差距相对较大，不平衡程度较深，从碳达峰碳中和的需求来看，我国碳规制政策的实施效率需要进一步优化。

第四章　理　论　分　析

第一节　碳规制影响家庭经济福利的机理分析

我国所实施的碳规制政策旨在约束化石能源使用和二氧化碳等温室气体的排放行为，激励各行业积极自主创新并向低碳化转型。随着我国碳规制政策的重心由以"政府管理"为主的碳规制政策逐步转向以"市场化"为核心的碳规制政策，未来我国的碳规制政策以市场化为重。因此，本书在分析碳规制如何影响家庭经济福利时，将以市场化的碳排放权交易政策为例进行机理分析。

在高质量发展和共同富裕的要求下，碳规制政策的制定不仅需要提高减排效率，还需要兼顾居民福祉，不能损害家庭的经济福利。家庭通过向市场提供劳动与资本等生产要素来获取收入，也通过购买商品以满足家庭需求，当二氧化碳排放量相对较高的行业改变要素需求以及生产规模时，家庭也会受到影响，因此，我国的碳规制政策虽然面向企业实施，但对家庭经济福利将产生自上而下的间接影响。

为了更直观地阐述碳规制与家庭经济福利之间的联系，本书将利用局部均衡分析方法辅助说明碳规制如何对家庭经济福利产生影响。对于二氧化碳排放量相对较高的企业（以下简称高碳企业），市场化的碳规制通过碳价机制对其排放二氧化碳的行为进行约束，相当于给高碳企业排放二氧化碳赋予了一个碳价。图 4-1 中的横轴表示高碳企业的产品数量，纵轴表示高碳企业产品的价格，在没有碳规制的情况下，向下倾斜的需求曲线体现了企业的边际收益（MC），向上倾斜的供给曲线体现了企业的边际成本（MB），完全竞争时企业在边际收益等于边际成本时达到均衡，此时的产量为 Q_0，价格为 P_0。但是由于高碳企业生产过程中排放二氧化碳造成了负外部性成本（EC），因此社会边际成本为 $SMC = MB + EC$。假设高碳企业每单位产出的二氧化碳排放量不变，则碳规制需要将高碳企业的产出限定在 Q_1，此时二氧化碳的排放量为 C_1，产品的价格上涨为 P_1。根据供给曲线，当产量为 Q_1 时，对应的产品价格为 P_2，因此碳价为 $P_1 - P_2$。

　　由于高碳企业产品价格由 P_0 上涨至 P_1，消费者剩余减少了 $a + c$，表示消费者承担了碳规制的成本，可称为碳规制对家庭经济福利的消费端影响，但是该影响的大小需视供给弹性和需求弹性的具体情况而定。在实施碳排放权交易政策后，高碳企业的产量由 Q_0 降至 Q_1，即生产者剩余减少了 $b + d$。同时，对二氧化碳排放量进行限制相当于限制了高碳企业的产量，造成高碳企业产品的相对稀缺，从而形成了稀缺租金 $a + b$，如果碳规制是采用碳税的形式或采用碳排放权拍卖的形式，则政府持有这部分收入，但如果是由政府免费发放碳排放权，则高碳企业以经营利润的形式持有该稀缺租金，可用于生产，也可用于售卖，对于企业所有人而言，这将增加家庭的经营收入，也能够成为股东的财产收益。此外，高碳企业的产量由 Q_0 降至 Q_1，企业所需的劳动和资本要素也将随着产量的下降而减少，由要素调整带来的成本为 $d + e$，这将导致一部分劳动力失业，在就业调整的过程中造成工资收入的损失，而资本流向其他行业时也会产生调整成本，造成资本收益损失。上述的工资收入、经营收入、财产收入等因碳规制而发生变化，可称为碳规制对家庭经济福利的收入端影响。

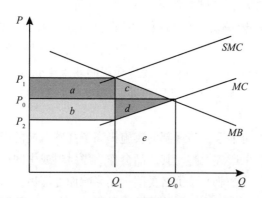

图 4-1　碳规制影响家庭经济福利的局部均衡分析

　　根据上述分析可知，从收入端视角来看，高碳企业将会受到我国各种碳规制政策的限制，在"双碳"目标下高碳企业需严格控制二氧化碳的排放量。一方面，可以通过减少产量达到减排目的，即通过"产出效应"减少碳排放，虽然减产能够快速达到减排目标，却缩减了高碳企业的要素需求，在高碳企业就业的劳动者将面临裁员、失业等风险，从而使劳动收入遭受不利冲击。但由于高碳企业获得了政府免费发放的碳排放权，即稀缺租金，从而其经营利润可以上涨，不仅能够体现在高碳企业所有者的营业收入中，也能够体现于股票价格中，使股东获益。

另一方面，在图4－1的特例中，所假设的是单位产出的碳排放量不变，但实际上，受碳规制影响的高碳企业有动机改进技术和生产工艺以降低碳排放成本，根据波特假说（Porter Hypothesis），碳规制会激励企业创新，以清洁技术替代污染技术，实现减排，因此会通过"替代效应"增加对劳动或资本的要素需求。在清洁化转型的过程中，高碳企业将面临劳动力技能结构的调整，减少对拥有污染技能劳动力的需求，增加拥有清洁技术技能的劳动力，在此结构调整中，部分劳动者面临由碳规制造成的就业摩擦，如果能成功向清洁技术转型，则可减弱所面临的就业冲击和劳动收入冲击。此外，如果高碳企业属于资本密集型企业，则会用资本替代碳排放，相应地增加了资本的相对价格，使资本所有者获益。

因此在收入端，碳规制通过对高碳企业的管制，将会通过产出效应和替代效应影响劳动者的工资水平、经营者的利润水平和投资者的收益水平，并由此对家庭总收入中的工资收入、经营收入、财产收入等产生影响，最终影响家庭的总收入和经济福利状况。对于低收入家庭，其收入构成中劳动收入所占的比重相对较高，若碳规制导致劳动要素价格下降，则低收入家庭的收入可能会受到不利影响。对于高收入家庭，因其持有更多的高碳企业的股份，收入构成中资本收入所占的比重相对较高，若碳规制增加了企业的利润及投资者收益，则高收入家庭可能会从碳规制政策中获益。如果碳规制的实施导致低收入家庭的收入水平降低而促使高收入家庭的收入提升，则具有扩大收入不平等的风险。

从消费端的视角来看，碳规制的实施提高了高碳企业的产品价格，但由于高碳企业通常处于生产链上游，其产品会作为原材料或中间产品用于下游低碳企业的生产，当高碳企业产品价格受碳规制影响而上涨后，高碳企业会将新增碳排放成本通过转嫁的方式转移给低碳企业，因此，不受管制的低碳企业将受到碳规制的间接影响。最终，碳规制将同时影响高碳企业和低碳企业的产品价格。

在微观家庭层面，家庭消费高碳企业和低碳企业的产品来满足生活需求，在没有碳规制影响的情况下，家庭的消费结构已实现效用最大化，当实施了碳规制后，由于高碳产品及低碳产品的价格发生了变化，家庭的消费结构也会随产品价格的变化而进行调整。如果家庭总预算不变，那么产品价格提高将导致家庭无法获得碳规制之前的效用水平，体现为消费端的家庭经济福利损失。如果家庭的消费结构中高碳产品占总预算的比重相对较高，则碳规制通过提升产品价格将导致家庭消费端的经济福利损失占家庭收入的比重更大，因此，随着家庭收入水平的提高，家庭经济福利损失占家庭收入的比重将逐步降低，即碳规制可能导致家庭经济福利损失呈现累退性，有可能扩大家庭之间净收入的差距，造成收入不平等程度增加。

综上所述，碳规制对家庭经济福利的影响为自上而下的间接影响，可以分为两个阶段，第一阶段是碳规制对高碳企业和低碳企业产品价格的影响，以及对劳动、资本的要素需求和要素价格产生影响，第二阶段是产品价格和要素价格变化后对家庭经济福利产生影响，其中由产品价格变化导致的家庭经济福利变化称为消费端影响，而由要素价格变化导致的家庭经济福利变化称为收入端影响。由于家庭之间具有收入结构和消费偏好的差异，因此，若家庭特征不同，则碳规制所造成的家庭经济福利的总效应存在差异，从整体收入分布来看，有可能对收入不平等产生影响。

第二节　碳规制影响家庭经济福利的理论模型构建

碳税是碳规制的代表性政策工具，因此现有研究分析碳规制影响家庭经济福利时通常以哈伯格模型（Harberger A C，1962）的理论框架为基础，以碳税政策为例进行扩展分析。尽管本书的理论模型借鉴了哈伯格模型的研究框架，但本书所构建的理论模型的独特之处如下。首先，模型中的碳规制政策是碳排放权交易政策而非碳税政策，部分学者在哈伯格模型的基础上将碳排放视为污染部门第三个生产要素，分析碳税税率对产品相对价格和要素相对价格的影响（Rausch S and Schwarz G A，2016）。但是，由于我国当前实施的是碳排放权交易制度，碳排放的配额由政府免费发放，因此本书构建的依旧是两部门两要素的一般均衡模型，并没有将碳排放视为生产要素，而是将碳规制的成本在高碳企业的总生产成本中体现。其次，本书设定了具有异质性的两类家庭，体现为消费结构的异质性、收入水平和收入结构的异质性，以类比经济中的低收入家庭和高收入家庭。最后，基于碳规制对两类家庭经济福利净效应的分析，本书进一步讨论了碳规制对收入不平等的影响，并将碳规制政策与财税政策相结合，分析如何通过减税和增加政府补助的方式支持碳规制提升家庭经济福利并降低收入不平等。

理论模型的构建思路如下：首先，在一般均衡条件下分析碳规制对高碳企业产品和低碳企业产品价格的影响，以及对劳动和资本要素价格的影响；其次，描绘家庭经济福利的变化，将产品价格变动与家庭消费变动结合，将要素价格变动与家庭收入变动结合，分析碳规制如何通过家庭收入和消费影响家庭的经济福利，以及这种影响在异质性家庭中有何差异；最后，分析碳规制对异质性家庭经济福利影响所导致的收入差距，从而分析在碳规制的影响下，家庭收入不平等的变化情况。此外，本书将碳规制与税收政策和政府对家庭的补助政策相结合，分析在实施碳规制后，通过减税或提高政府补助的方式是否能提高家庭经济福利水平并缩小家庭间的收入差距。

一、碳规制对产品及要素价格的影响

本书构建静态封闭的经济模型来分析我国在"双碳"目标下实施的碳规制政策对产品价格和要素价格的影响。为了使模型简化易懂，假设存在两个企业，分别是高碳企业和低碳企业，两类企业均使用劳动和资本两种要素进行生产，两类企业的差别在于，高碳企业在生产过程中会排放更多二氧化碳，碳规制仅对高碳企业进行直接约束。假设两个企业的规模报酬不变的生产函数表示如下：

$$X = X(K_X, \ L_X) \tag{4-1}$$

$$Y = Y(K_Y, \ L_Y) \tag{4-2}$$

其中，X 表示低碳企业的产出，Y 表示高碳企业的产出，K_X、K_Y、L_X 和 L_Y 分别表示两个企业的资本和劳动要素的投入，这两个要素的约束为：

$$K_X + K_Y = \bar{K} \tag{4-3}$$

$$L_X + L_Y = \bar{L} \tag{4-4}$$

其中，$\bar{K}$ 和 $\bar{L}$ 表示经济中资本和劳动要素的总体水平，分别对式（4-3）和式（4-4）全微分可得：

$$\hat{K}_X \frac{K_X}{\bar{K}} + \hat{K}_Y \frac{K_Y}{\bar{K}} = 0 \tag{4-5}$$

$$\hat{L}_X \frac{L_X}{\bar{L}} + \hat{L}_Y \frac{L_Y}{\bar{L}} = 0 \tag{4-6}$$

其中，$\hat{K}_i = \mathrm{d}K_i/K_i$，$\hat{L}_i = \mathrm{d}L_i/L_i$，$i = X, \ Y$。

假设低碳企业中资本和劳动要素的替代弹性为 σ_X，高碳企业为 σ_Y，若资本要素价格为 r，劳动要素价格为 w，政府对资本和劳动要素征收比例税，税

率分别为 τ_K 和 τ_L，则 $p_K = r(1 + \tau_K)$，$p_L = w(1 + \tau_L)$。根据要素替代弹性的定义，可以得出低碳企业和高碳企业的要素需求如何随要素价格的变化作出反应，假设实施碳规制时政府对资本和劳动征税的税率不变，因此有：

$$\hat{K}_X - \hat{L}_X = \sigma_X(\hat{p}_L - \hat{p}_K) = \sigma_X(\hat{w} - \hat{r}) \qquad (4-7)$$

$$\hat{K}_Y - \hat{L}_Y = \sigma_Y(\hat{p}_L - \hat{p}_K) = \sigma_Y(\hat{w} - \hat{r}) \qquad (4-8)$$

假设经济是完全竞争的，要素投入的边际成本等于产出的边际收益，在规模报酬不变的前提下，企业的总收益等于所有要素的成本之和：$p_X X = rK_X + wL_X$，其中 p_X 表示低碳企业产品的价格。如果令 $\theta_{XK} = \dfrac{rK_X}{p_X X}$，$\theta_{XL} = \dfrac{wL_X}{p_X X}$，则有：

$$\hat{p}_X + \hat{X} = \theta_{XK}(\hat{r} + \hat{K}_X) + \theta_{XL}(\hat{w} + \hat{L}_X) \qquad (4-9)$$

但是，高碳企业则稍有不同，为实现"双碳"目标，我国实施了以碳排放权交易为主的市场化碳规制政策，使高碳企业排放二氧化碳需要付出额外的成本。为了降低高碳企业排放二氧化碳的成本负担，企业还会采取行动降低生产过程中二氧化碳的排放量，因此，高碳企业在碳规制的约束下，一方面，需要降低生产过程中二氧化碳的排放量，付出降碳成本；另一方面，对于降碳后仍需排放的二氧化碳，通过使用政府发放的碳排放配额或在碳排放交易市场中购买碳排放配额付出排放成本。只有当每单位二氧化碳的降碳成本等于每单位二氧化碳的排放成本时，才能达到企业最优的碳排放量（假设此时高碳企业二氧化碳排放量为 E）。

对于降碳成本，假设在没有碳规制时高碳企业二氧化碳的排放量为 E_0，降至最优碳排放量 E 时高碳企业需付出的降碳成本为 $c(E_0 - E)$，此时二氧化碳边际降碳成本为 $c'(E)$，如果碳排放权交易市场中均衡碳价为 τ，则有 $c'(E) = \tau$。对于排放成本，假设政府给高碳企业免费发放的排放配额数量是 $\overline{E}$，在碳排放权交易市场中的碳价为 τ，则表明高碳企业得到价值为 $\tau\overline{E}$ 的碳排放权，可以选择自行使用，也可以在碳交易市场中售卖。在高碳企业的二氧化碳排放总量为 E 时，如果超过了免费发放的配额数量，企业不仅需要付出使用碳排放配额的机会成本，还需要付出额外购买排放权的成本，最终高碳企业实际的碳排放成本是 $\tau E - \tau\overline{E}$；如果最终碳排放量小于免费发放的配额，则企业可以获得售卖配额的收入为：$-(\tau E - \tau\overline{E})$。因此，高碳企业的总收益等于资本和劳动的要素成本、降碳成本和排放成本之和。假设高碳企业产品的价格为 p_Y，则有 $p_Y Y = rK_Y + wL_Y + c(E_0 - E) + (\tau E - \tau\overline{E})$，对上式全微分并除以高碳企业的总收益，并令 $\theta_{YK} = \dfrac{rK_Y}{p_Y Y}$，$\theta_{YL} = \dfrac{wL_Y}{p_Y Y}$，$\theta_{YE} = \dfrac{\tau E}{p_Y Y}$，$\theta_{Y\overline{E}} = \dfrac{\tau\overline{E}}{p_Y Y}$，可得：

$$\hat{p}_Y + \hat{Y} = \theta_{YK}(\hat{r} + \hat{K}_Y) + \theta_{YL}(\hat{w} + \hat{L}_Y) + \theta_{YE}\hat{\tau} - \theta_{Y\bar{E}}\hat{\tau} \qquad (4-10)$$

对每个企业生产函数全微分并代入完全竞争假设条件，可得：

$$\hat{X} = \theta_{XK}\hat{K}_X + \theta_{XL}\hat{L}_X \qquad (4-11)$$

$$\hat{Y} = \theta_{YK}\hat{K}_Y + \theta_{YL}\hat{L}_Y \qquad (4-12)$$

假设经济中共有 2 个家庭，每个家庭都在收入约束下消费两个企业的产品 X 和 Y 以实现家庭效用最大化。假设家庭 $h(h=1,\ 2)$ 的收入为 $M^h = wL^h + rK^h + \delta^h G$，其中 $G = \tau_K \bar{K} + \tau_L \bar{L}$ 为政府的税收收入，政府的收入仅用于对两类家庭给予政府补助，每个家庭可获得 $\delta^h G$ 的政府补助收入，$\delta^1 + \delta^2 = 1$，且 $\delta^1 > \delta^2$。本书假设家庭具有异质性，家庭的两个产品的效用替代弹性为 σ_u^h，对低碳企业产品和高碳企业产品的需求收入弹性分别为 E_{XM}^h 和 E_{YM}^h（Hicks J R and Allen R G D，1934），则家庭需求对产品价格和要素价格变化的反应为：

$$\hat{X}^1 - \hat{Y}^1 = \sigma_u^1(\hat{p}_Y - \hat{p}_X) + (E_{YM}^1 - E_{XM}^1)[\alpha^1 \hat{p}_X + (1 - \alpha^1)\hat{p}_Y - \hat{M}^1] \quad (4-13)$$

$$\hat{X}^2 - \hat{Y}^2 = \sigma_u^2(\hat{p}_Y - \hat{p}_X) + (E_{YM}^2 - E_{XM}^2)[\alpha^2 \hat{p}_X + (1 - \alpha^2)\hat{p}_Y - \hat{M}^2] \quad (4-14)$$

$$\hat{X}^1 = -[\alpha^1 E_{XM}^1 + (1 - \alpha^1)\sigma_u^1]\hat{p}_X - [(1 - \alpha^1)E_{XM}^1 - (1 - \alpha^1)\sigma_u^1]\hat{p}_Y + E_{XM}^1 \hat{M}^1$$
$$(4-15)$$

$$\hat{X}^2 = -[\alpha^2 E_{XM}^2 + (1 - \alpha^2)\sigma_u^2]\hat{p}_X - [(1 - \alpha^2)E_{XM}^2 - (1 - \alpha^2)\sigma_u^2]\hat{p}_Y + E_{XM}^2 \hat{M}^2$$
$$(4-16)$$

其中，$\alpha^h = \dfrac{p_X X^h}{M^h}$，由于当前政府收入不变，因此，$\hat{M}^h = \hat{w}\dfrac{wL^h}{M^h} + \hat{r}\dfrac{rK^h}{M^h}$。

根据市场出清条件，对 $X = X^1 + X^2$，$Y = Y^1 + Y^2$ 全微分可得：

$$\hat{X} = \hat{X}^1 \frac{X^1}{X} + \hat{X}^2 \frac{X^2}{X} \qquad (4-17)$$

$$\hat{Y} = \hat{Y}^1 \frac{Y^1}{Y} + \hat{Y}^2 \frac{Y^2}{Y} \qquad (4-18)$$

此时，模型中含有 15 个未知变量（$\hat{K}_X$，$\hat{K}_Y$，$\hat{L}_X$，$\hat{L}_Y$，$\hat{r}$，$\hat{w}$，$\hat{p}_X$，$\hat{p}_Y$，$\hat{X}$，$\hat{X}^1$，$\hat{X}^2$，$\hat{Y}$，$\hat{Y}^1$，$\hat{Y}^2$，$\hat{\tau}$），为了得到一般均衡解，本书选择将低碳企业产品的价格作为计价标准，因此，$\hat{p}_X = 0$。利用式（4 – 5）至式（4 – 18）共 14 个方程，可推导出碳规制价格（τ）与高碳企业的产品价格和要素价格的关系，从而可以分析产品价格和要素价格如何受碳规制价格的影响，所得结果如下：

$$\hat{r} = \frac{\theta_{XL}}{D}\eta(\gamma_L - \gamma_K)(\theta_{YE} - \theta_{Y\bar{E}})\hat{\tau} \qquad (4-19)$$

$$\hat{w} = -\frac{\theta_{XK}}{D}\eta(\gamma_L - \gamma_K)(\theta_{YE} - \theta_{Y\bar{E}})\hat{\tau} \qquad (4-20)$$

$$\hat{p}_Y = \left[1 + \frac{\theta_{XL}\theta_{YK} - \theta_{XK}\theta_{YL}}{D}\eta(\gamma_L - \gamma_K) \right](\theta_{YE} - \theta_{Y\bar{E}})\hat{\tau} \qquad (4-21)$$

以上三个方程中所涉及的参数及含义见表 4-1。

表 4-1　　　　　　　　　　　　理论模型中的参数及含义

参数	含义	参数	含义
γ_L	$\gamma_L = \dfrac{L_Y}{L_X}$	θ_K	$\theta_K = \dfrac{r\bar{K}}{p_X X + p_Y Y}$
γ_K	$\gamma_K = \dfrac{K_Y}{K_X}$	ϕ_L^h	$\phi_L^h = \left[(E_{YM}^h - E_{XM}^h)(1-\alpha^h) + \left(1 - \dfrac{\alpha^h}{\gamma}\right)E_{XM}^h \right]\dfrac{wL^h}{p_Y Y}$
γ	$\gamma = \dfrac{p_X X}{p_X X + p_Y Y}$	ϕ_K^h	$\phi_K^h = \left[(E_{YM}^h - E_{XM}^h)(1-\alpha^h) + \left(1 - \dfrac{\alpha^h}{\gamma}\right)E_{XM}^h \right]\dfrac{rK^h}{p_Y Y}$
β_K	$\beta_K = (\theta_{XK}\gamma_K + \theta_{YK})$	η	$\eta = \displaystyle\sum_h \frac{Y^h}{Y}\left[\sigma_u^h + (E_{YM}^h - E_{XM}^h)(1-\alpha^h) + \left(1 - \frac{\alpha^h}{\gamma}\right)(E_{XM}^h - \sigma_u^h) \right]$
β_L	$\beta_L = (\theta_{XL}\gamma_L + \theta_{YL})$	A	$A = \theta_{XL}(\phi_K^1 + \phi_K^2 - \theta_{YK}\eta)$
θ_L^h	$\theta_L^h = \dfrac{wL^h}{M^j}$	B	$B = \theta_{XK}(\phi_L^1 + \phi_L^2 - \theta_{YL}\eta)$
θ_K^h	$\theta_K^h = \dfrac{rK^h}{M^h}$	C	$C = \beta_K\sigma_X + \beta_K\gamma_L\sigma_Y + \beta_L\sigma_X + \beta_L\gamma_K\sigma_Y$
θ_L	$\theta_L = \dfrac{w\bar{L}}{p_X X + p_Y Y}$	D	$D = (\gamma_L - \gamma_K)(A - B) + C$

　　式 (4-19)、式 (4-20) 和式 (4-21) 中相关参数较为复杂，导致碳规制对产品价格和要素价格的影响方向不明晰，因此，本书进一步假设两个异质性家庭具有相同的消费偏好，即 $E_{XM}^1 = E_{XM}^2 = E_{YM}^1 = E_{YM}^2 = 1$，而家庭的异质性表现为产品的支出份额不同 $\left(\alpha^h = \dfrac{p_X X^h}{M^h}\right)$ 和收入结构不同 $\left(\theta_L^h = \dfrac{wL^h}{M^h}\right)$。为了使结果便于分析，本书测度了支出和收入的相关性，定义了家庭对低碳企业产品的支出份额与家庭劳动收入份额的协方差：$\mathrm{cov}(\alpha^h, \theta_L^h) = \displaystyle\sum_h (\alpha^h - \gamma)M^h(\theta_L^h - \theta_L)$，其中，$\theta_L = \dfrac{w\bar{L}}{p_X X + p_Y Y}$。此外，本书利用 ρ 表示低碳产品的支出份额与效用替代

弹性之间的关系，ρ 可以解释为 σ_u^h 的广义加权平均：$\rho = \dfrac{1}{p_Y Y}\sum_h (1 - \alpha^h) M^h \left[\dfrac{\alpha^h}{\gamma}(\sigma_u^h - 1) + 1 \right]$。

此外，本书还假设家庭的效用替代弹性是单位弹性，即 $\sigma_u^h = 1$，假设低碳产品和高碳产品的生产都是采用固定的要素投入比例，即 $\sigma_X = \sigma_Y = 0$，而且高碳企业是资本密集型的，即 $\gamma_K > \gamma_L$。

基于上述假设，式（4-19）、式（4-20）和式（4-21）可整理为：

$$\hat{r} = \frac{\theta_{XL}\rho}{D'}(\theta_{YE} - \theta_{Y\bar{E}})\hat{\tau} \tag{4-22}$$

$$\hat{w} = -\frac{\theta_{XK}\rho}{D'}(\theta_{YE} - \theta_{Y\bar{E}})\hat{\tau} \tag{4-23}$$

$$\hat{p}_Y = \frac{\text{cov}(\alpha^h, \theta_L^h)}{\gamma p_Y Y D'}(\theta_{YE} - \theta_{Y\bar{E}})\hat{\tau} \tag{4-24}$$

其中，$D' = \dfrac{\text{cov}(\alpha^h, \theta_L^h)}{\gamma p_Y Y} + (\theta_{XK}\theta_{YL} - \theta_{XL}\theta_{YK})\rho$。

根据前文的假设条件以及式（4-22）、式（4-23）和式（4-24）的表达式可知，当劳动收入与低碳产品消费之间的协方差为负时，如果高碳企业的碳排放量大于政府发放的配额，则 $\hat{r}<0$，$\hat{w}>0$，$\hat{p}_Y>0$；如果高碳企业碳排放量小于配额，则 $\hat{r}>0$，$\hat{w}<0$，$\hat{p}_Y<0$；当劳动收入与低碳产品消费之间的协方差为正且协方差较小时，如果高碳企业的碳排放量大于政府发放的配额，则 $\hat{r}<0$，$\hat{w}>0$，$\hat{p}_Y<0$；如果高碳企业碳排放量小于配额，则 $\hat{r}>0$，$\hat{w}<0$，$\hat{p}_Y>0$；当劳动收入与低碳产品消费之间的协方差为正且协方差较大时，如果高碳企业的碳排放量大于政府发放的配额，则 $\hat{r}>0$，$\hat{w}<0$，$\hat{p}_Y>0$；如果高碳企业碳排放量小于配额，则 $\hat{r}<0$，$\hat{w}>0$，$\hat{p}_Y<0$。由此可以看出，在实施碳规制后，高碳产品价格、要素价格将发生变化，但变化的方向受到异质性家庭中劳动收入与低碳产品消费的关系、高碳企业二氧化碳排放量与政府发放碳排放配额的相对大小，以及碳排放权交易市场中碳价水平的共同影响。

二、碳规制对家庭经济福利的影响

为测度碳规制对家庭经济福利的影响，本书假设 v^h 表示家庭的间接效用函数，则碳规制引起家庭效用的变化为 dv^h：

$$dv^h = \frac{\partial v^h}{\partial M^h} dM^h + \frac{\partial v^h}{\partial p_Y} dp_Y = \underbrace{\frac{\partial v^h}{\partial M^h}(\hat{r}rK^h + \hat{w}wL^h)}_{\text{由收入引起的变化}} + \underbrace{\frac{\partial v^h}{\partial p_Y} p_Y \hat{p}_Y}_{\text{由消费引起的变化}} \qquad (4-25)$$

式（4-25）表示在碳规制实施后家庭效用发生的变化，从式中可以看出，该变化由两个部分组成，等式右侧第一部分是由收入引起的效用变化，碳规制通过改变资本和劳动要素的相对价格改变了家庭可以获取的要素收入，可称之为收入端效应，但是基于前一节对式（4-22）和式（4-23）的分析可知，碳规制对资本要素价格和劳动要素价格的影响呈相反的方向，因此，碳规制对家庭经济福利的收入端影响的方向不能统一定性，主要受家庭的要素禀赋、收入来源构成、收入结构等多方面因素的影响。等式右侧第二部分是由消费引起的效用变化，碳规制通过改变低碳企业产品和高碳企业产品的相对价格而改变了家庭的消费所引起的福利变化，可称为消费端变化。其中，本书以低碳产品价格作为价格基准，$\hat{p}_X = 0$，但实际上，受碳规制的影响，低碳产品的价格也会有所改变，由式（4-24）可知，在不同的假设条件下，碳规制对高碳产品价格的影响方向也存在差异，因此最终由消费引起的效用变化是降低了效用还是提升了效用也不能统一定性，主要受两种商品的消费偏好、价格相对变化方向和程度等多种因素的影响。总而言之，鉴于碳规制对产品相对价格、要素相对价格的影响方向在不同假设下会发生变化，因此碳规制最终可以提升家庭效用水平还是降低家庭效用水平也无法定论，在异质性家庭中，主要依赖每个家庭的收入结构和消费模式。

如果将家庭效用的变化用相对于家庭收入的货币化效用来表示，则有：

$$I^h = \frac{dv^h}{M^h \frac{\partial v^h}{\partial M^h}} \qquad (4-26)$$

式（4-26）中 I^h 表示碳规制在家庭中的经济归宿水平，可以理解为，与未实施碳规制之前的效用水平相比，碳规制通过收入端和消费端的影响改变了家庭的预算约束，在新的预算约束下能实现的最大化效用水平也随之发生变化。为了将效用的变化以货币化衡量，可以对实施碳规制后的家庭收入进行调整，以达到实施碳规制之前的效用水平。家庭收入的调整量即为碳规制在家庭中的经济归宿水平。如果碳规制政策实施后家庭的经济福利提升，即福利增进，则表明碳规制的实施有利于家庭，其经济归宿体现为政策给家庭带来的收益，但如果家庭在碳规制的影响下经济福利降低，即福利损失，则表明碳规制的实施会对家庭产生不利影响，其经济归宿体现为政策给家庭施加的负担。如前所述，碳规制在家庭中最终的归宿情况如何，也受到家庭收入结构、家庭消费偏好、要素价格变动的相对程度以及产品价格变动的相对程度等诸多方面的影响。

从相对的视角来看，如果将某一家庭的碳规制归宿与所有家庭的平均碳规制归宿相减，即可在不受计价标准选择的影响下分析碳规制对收入不平等的影响：

$$\psi^h = \frac{dv^h}{M^h \partial M^h v^h} - \sum_h \frac{dv^h}{M^h \partial M^h v^h} = (\theta_K^h - \theta_K)\hat{r} + (\theta_L^h - \theta_L)\hat{w} - (\gamma - \alpha^h)\hat{p}_Y$$

$$(4-27)$$

式（4-27）中 ψ^h 的绝对值越小，表明在两个家庭之间单位收入的碳规制经济归宿的差距越小，如果 $\psi^1 < \psi^2$，则低收入家庭受碳规制的影响程度小于高收入家庭，碳规制呈现累进性，能在一定程度上降低收入不平等；如果 $\psi^1 > \psi^2$，则低收入家庭承担更多的碳规制负担，碳规制的归宿呈现累退性，将较小程度地促进收入不平等。若 ψ^h 的绝对值较大，则表明家庭之间碳规制的经济归宿差距较大，对收入不平等的影响程度更大。

根据上述理论推导和对结果的分析可知，我国实施免费分配碳排放权配额的碳规制政策对家庭经济福利的影响存在不确定性，在一定条件下有可能增进居民福祉并缩小收入差距，但在某些条件下，碳规制还存在着造成家庭经济福利损失和扩大收入不平等的风险，因此，还需要进一步思考如何化解这一风险。

在实施碳税的国家中，通常依靠财税政策辅以碳规制达到提升家庭经济福利和缩小收入不平等的目的，因为碳税的收入可以用于减免具有扭曲性税种的税率，或者直接给家庭一定的经济补偿。但是，这种收入循环的方式在我国暂时无法实现，因为免费发放配额虽然在一定程度上减轻了企业的碳规制负担，却使政府无法从中获得碳规制的收入，如果未来适时采用拍卖的方式对碳排放配额进行有偿分配，则可以使用碳规制收入缓解企业和家庭的规制负担。

现阶段，我国已经着手采用财税政策支持碳规制政策以加快节能减排，并促进碳达峰碳中和目标的实现。财政部在 2022 年 5 月印发的《财政支持做好碳达峰碳中和工作的意见》中明确指出通过财税政策中的税收优惠、政府采购等手段支持各地区各行业加快绿色低碳转型。作为有效的收入再分配工具，可以预期财税政策也能够在支持碳规制提升家庭经济福利方面发挥作用。一方面，可以采取税收优惠、税前抵扣、降低税率等减税政策，如果实行碳规制政策增加了家庭的碳规制的经济负担，那么降低税负可以减轻家庭关于税收的实际负担，此消彼长的方式可以在一定程度上缓解家庭承担的政策压力，如果能够对不同收入群体实施有差别的减税政策，将减税收益更多地向低收入群体倾斜，也有助于降低收入不平等的程度；另一方面，可以采用面向家庭的政府补助措施，通过发放定额补助或针对某些消费品按照价格的某一比例进行定向补贴，从而在实施碳规制后通过增加收入抵消碳规制在家庭中的负担，以此达到提升家庭经济福利的目的，如果政府补助使低收入群体获益更多，也能够达到降低收入不平等的效果。

第三节　本　章　小　结

本章构建了分析碳规制影响家庭经济福利水平的理论框架，不仅分析了我国的碳规制政策如何影响家庭的经济福利水平，还基于共同富裕的总体目标，分析了如何让碳规制政策在提升家庭经济福利的同时降低收入不平等。

理论分析结果表明，首先，我国的碳规制政策并不是直接针对家庭实施，而是对碳排放密度相对较高的企业进行管制，因此碳规制对家庭的影响主要为自上而下的间接影响。其次，碳规制对家庭经济福利的影响可以分为两个阶段，第一阶段是碳规制对产品价格和要素价格产生影响，第二阶段是在碳规制政策实施后，因产品价格和要素价格的变化导致家庭的收入水平和消费结构发生变化，因此预算约束下可实现的最大化效用水平与碳规制政策实施前的效用水平相比有所改变，从而造成家庭经济福利的变动。再次，碳规制对低碳企业和高碳企业产品的相对价格会产生影响，但是具体的影响方向在不同的假设条件下有所不同。一方面，受到家庭异质性假设的影响，家庭劳动收入与低碳产品消费份额的关系使高碳产品和低碳产品的相对价格受碳规制的影响方向不同，另一方面，高碳企业碳排放量与政府免费发放的碳排放配额的相对大小也影响着碳规制对高碳产品相对价格的作用方向。最后，碳规制对资本和劳动要素的价格会产生影响，但价格如何变化并不能确定，与产品价格一致，在异质性家庭的假设下，要素价格受碳规制的影响方向也依赖家庭中劳动收入与低碳产品支出份额之间的关系。此外，本书的模型为了便于展示一般均衡结果，对低碳企业、高碳企业生产中要素替代弹性、企业的资本、劳动相对密集程度以及两个企业的产品在家庭中的效用替代弹性、收入需求弹性等诸多因素加以限制，但这些条件也会作用于碳规制对产品和要素价格的影响上，最终造成价格变动方向的不确定性。

在微观层面，碳规制导致产品和要素的价格发生变化，因此碳规制对家庭经济福利的影响可从两个方面进行讨论。一方面，从收入的角度分析，碳规制将导致家庭收入水平发生变动，可以理解为碳规制影响家庭经济福利的收入端效应，但碳规制对资本要素价格的影响方向与对劳动要素价格的影响方向不一致，将导致碳规制对家庭经济福利的收入端影响方向及程度无法明确。另一方面，从消费的角度分析，碳规制改变了低碳产品和高碳产品的相对价格，家庭需依据新的产品价格调整消费结构，因产品相对价格变动而导致家庭的福利水平发生变化可以理解为碳规制影响家庭经济福利的消费端效应，但碳规制对产品相对价格的影响方向不能确定，导致在消费端的家庭经济福利变动方向与水平也难以明确。

因此，将消费端效应与收入端效应结合来看，虽然碳规制能够对家庭经济福利产生影响，但最终的总效应体现为福利增进还是福利损失，无法得出一般性的结论。如果收入端效应与消费端效应均为福利增进，则受碳规制的影响，家庭经济福利将显著提升；如果收入端效应和消费端效应均为福利损失，则碳规制的实施对家庭经济福利将产生负面影响；如果两种效应一增一减，那么碳规制对家庭经济福利的影响视两种效应的相对程度而定，若一端的福利增进可以完全抵消另一端的福利损失，则碳规制仍有利于家庭经济福利的改善。

从相对的视角来看，碳规制虽然可以使家庭经济福利水平发生变化，但因每个家庭的收入来源结构、消费偏好等家庭特征存在差异，因此碳规制在每个家庭中的实际经济归宿不同，异质性家庭之间经济福利变化的程度和方向也存在差异，那么碳规制不仅会影响家庭经济福利水平，还会对收入不平等产生影响。

为了让碳规制不仅能够有效控制二氧化碳的排放，尽早实现"双碳"目标，推进共同富裕，兼顾提升居民福祉，本书还探讨了以财税政策结合碳规制提升家庭经济福利的方案。如果碳规制结合减税政策，可以通过降低税收负担抵消碳规制负担的增长实现家庭经济福利提升；如果碳规制结合政府补助政策，可以通过增加家庭收入补偿碳规制造成的福利损失，也可以避免家庭经济福利降低的风险。此外，如果减税政策和面向家庭的政府补助政策更多地向低收入群体倾斜，也能够在一定程度上降低家庭之间的收入不平等程度。

第五章　碳规制对家庭经济福利的收入端影响研究

根据碳规制对家庭收入端影响的理论分析可知，碳规制通过改变生产要素的价格影响家庭依靠各种要素所获取的收入水平，最终对家庭的总收入产生影响。如图 5-1 所示，家庭向要素市场提供劳动、资本、土地等生产要素，并根据市场中的要素价格获取相应的要素回报，即形成家庭的不同收入来源。若在"双碳"目标下实施的碳规制导致要素市场中的各种生产要素价格发生变化，则家庭所能获取的各类要素收入随之调整，家庭总体的收入水平可能发生改变。但是，由于被管制行业的要素密集程度不同，要素的替代弹性不同，受碳排放权配额总量以及被管制行业的碳排放水平等诸多不确定性因素的限制，碳规制对各项要素价格的影响方向未知，因此碳规制对家庭各项收入以及对家庭总体收入水平的影响情况如何亦未知。此外，由于微观层面家庭间存在要素资源禀赋和要素收入结构等方面的差异，因此碳规制对家庭收入的影响还可能存在群体间的异质效应，都需要在理论分析的基础上利用可靠数据和可行的研究方法进行实证检验。

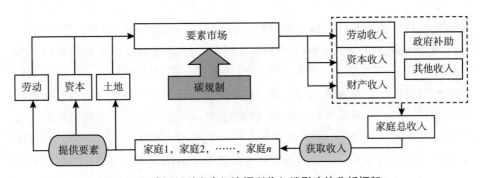

图 5-1　碳规制对家庭经济福利收入端影响的分析框架

鉴于此，本章将从三个方面探讨碳规制对家庭经济福利的收入端影响效应。首先，本书以碳排放权交易政策为例，讨论我国碳规制政策是否会对家庭劳动、资本、财产等各项收入来源产生显著的影响以及影响的方向如何，由于家庭收入构成中不仅包含三种要素收入，部分家庭还持有政府给予家庭的补助收入和亲友馈赠等其他收入，因此，本书将细致分析碳规制政策对上述五项收入来源的影响。其次，将各项收入来源汇总，分析碳规制对家庭总体收入水平的影响。最后，家庭之间因地理区位、城乡特征、家庭特征等因素而存在较大差异。对此，本书将家庭按照不同特征划分为不同的群体，以探讨我国碳规制政策是否对不同群体产生显著影响。

第一节　碳规制对家庭各项收入的影响

一、估计方法与变量说明

我国的碳规制政策逐步转向市场化的规制方式，主要以碳排放权交易制度对碳排放行为进行管制。2011 年国家发展和改革委员会发布《关于开展碳排放权交易试点工作的通知》，同意在北京市、天津市、上海市、重庆市、湖北省、广东省和深圳市开展碳排放权交易试点，2013 年底至 2014 年初 7 个试点陆续正式开启交易，2016 年新增福建省作为试点，并在 2016 年末正式开启交易。碳排放权交易试点政策为本书探究"双碳"目标下碳规制如何影响家庭收入提供了准实验条件。但是，以碳排放权交易试点作为准实验评估碳规制如何影响家庭收入所面临的挑战在于：一方面，由于在"双碳"目标下，各碳排放权交易试点均在摸索一条适用于中国的碳排放权交易体系，因此每个试点的碳排放权交易政策在具体实施过程中存在诸多方面的细节差异；另一方面，2011 年所确定的 7 个试点省（市）并非随机，而是有选择性地将我国较为发达的省（市）作为试点，这些省市的经济条件、居民生活水平与非试点省市相比相对较好，直接将试点与非试点省市的家庭样本进行分析可能存在选择偏差，难以形成一个满足平行趋势假设的准自然实验。对此，本书将借助倾向得分匹配方法解决处理组与控制组不满足平行趋势假设的选择偏差问题，在匹配后进一步采用双重差分方法分析在其他条件相似的情况下，以碳排放权交易政策作为"双碳"目标下碳规制的主要手段时，对微观家庭的收入将产生何种影响。

（一）估计方法

我国的碳排放权交易试点中的深圳市与其他试点省（市）的行政级别不同，为了便于分析，本书将深圳归入广东省，将其余试点省市作为处理组，剩余非试点省份作为控制组。为确保碳排放权交易政策实施前处理组与控制组具有相同的长期趋势，在采用双重差分方法进行政策评估前，本书将利用倾向得分匹配方法对样本进行处理。但由于本书探究碳规制家庭收入效应采用的是面板数据，而倾向得分匹配方法更适用于截面数据，为解决这一矛盾，有些学者直接将面板数据转化为截面数据进行处理，但这种方法将会产生"自匹配"问题（毛其淋和许家云，2016；谢申祥等，2021）。也有部分学者采用逐期匹配的方案（Heyman F et al.，2007；Böckerman P and Ilmakunnas P，2009），即将面板数据中每一期的截面数据均进行一次匹配，但这种方案可能会导致同一处理组在不同年份的对照组不同，也就是出现对照组不稳定的问题，而稳定的对照组是双重差分模型进行有效识别的前提。还有部分学者选用政策实施前一年试点地区居民的各项特征与非试点地区居民的同期数据进行匹配，将匹配后的处理组与控制组作为整个研究期的对照组划分基准，利用面板数据进行政策评估分析（王庶和岳希明，2017）。

本书将借鉴第三种匹配方案，以2010年的样本为基准进行匹配，选择2010年为匹配基准的原因在于：一方面，2011年在《关于开展碳排放权交易试点工作的通知》中公布了7个试点省市，对于试点省市的选择是在该通知发布之前决定的，因此，本书以2010年的家庭样本为基准进行匹配，经匹配后，后续年份的处理组与对照组与2010年匹配的结果保持一致；另一方面，这种匹配方法可以解决逐年匹配方案中对照组不稳定的弊端，也可以避免将面板数据转化为截面数据后在匹配过程中出现"自匹配"的缺陷。

在倾向得分匹配方法中，本书选择最近邻匹配（Nearest Neighbor Matching）方法对2010年的家庭样本进行匹配，为每个处于试点省市的家庭样本（处理组）挑选出具有可比性的非试点省份的家庭样本（控制组）。在删除未参与匹配的样本后，匹配成功的家庭样本进一步利用如下模型进行双重差分基准回归。

$$Y_{it} = \alpha_0 + \alpha_1 treat_{it} \times time_{it} + \beta X_{it} + \delta_i + \tau_t + \varepsilon_{it} \qquad (5-1)$$

式（5-1）中，Y_{it}分别表示家庭i在第t年的工资收入、经营收入、财产收入、政府补助、其他收入占家庭纯收入的比重；$treat_{it}$表示家庭i在第t年是否为处理组的虚拟变量，根据倾向得分匹配后的结果，$treat_{it} = 1$表示家庭为处理组，$treat_{it}=0$ 表示家庭为控制组；$time_{it}$ 表示碳排放权交易政策实施的虚拟变量，由于我国碳排放权交易第一批试点的 7 个省市在 2013 年末至 2014 年初陆续实施，因此，本书将 2014 年设定为碳排放权交易试点政策的实施时间点，在 2014 年以前 $time_{it}=0$，在 2014 年（含）以后 $time_{it}=1$；系数 α_1 表示碳排放权交易政策对家庭各项收入的净效应；为了缓解遗漏变量对模型估计的影响，本书在模型中添加了家庭层面的户主特征、家庭特征信息构成控制变量 X_{it}；此外，δ_i 表示个体效应，τ_t 表示时点效应，ε_{it} 为扰动项。

需要特别说明的是，我国的碳排放权交易试点政策共分为两个批次，第一批次是 2013 年至 2014 年正式启动试点的 7 个省市，第二批次是 2016 年 12 月 22 日正式启动碳排放权交易试点的福建省。由于福建省于 2016 年末启动试点，为避免政策实施时间设定在 2016 年可能造成结果偏差，本书将在基准分析中采用倾向得分匹配结合双重差分方法分析第一批试点的政策效应，在稳健性检验中，采用倾向得分匹配结合渐进双重差分方法分析两批试点的政策效应，模型设定如下：

$$Y_{it}=\alpha_0+\alpha_1 DID_{it}+\beta X_{it}+\delta_i+\tau_t+\varepsilon_{it} \tag{5-2}$$

其中，DID_{it} 表示碳排放权交易政策试点政策，系数反映试点政策对家庭各项收入影响的效果，其余变量与式（5-1）一致。

（二）数据与变量说明

本书所用数据是微观层面数据与宏观层面数据匹配后的面板数据，其中，微观层面数据来自北京大学中国社会科学调查中心提供的"中国家庭追踪调查"（CFPS）2010~2018 年五轮家庭数据，该数据是每两年一期的跟踪调查数据。宏观层面数据主要是我国碳排放权交易试点政策的实施状况数据，相关数据来自国家发展和改革委员会颁布的政策性文件。

本书的被解释变量为家庭各项收入占家庭纯收入[①]的比重，其中，与生产要素相关的收入包括家庭的工资收入、经营收入[②]和财产收入，此外，家庭纯收入的构成中还包括政府以现金形式给予家庭的补助收入，以及亲友之间的馈

---

① 根据 CFPS 数据库的说明，家庭纯收入中的经营收入是扣除生产成本后的经营收入，因此家庭纯收入更能反映收入的流入量。

② 根据 CFPS 数据库的说明，经营收入是指家庭从事农、林、牧、副、渔的生产经营扣除成本后的净收入和由自家生产并供自家消费的农林产品的价值，以及家庭从事个体经营或开办私营企业获得的净利润。

赠等通过其他渠道获取的收入，因此，本书也分析了碳规制对政府补助和其他收入的影响情况。由于 CFPS 调查问卷在 2010 年、2012 年及后续年份对收入的统计稍有差异，为确保数据可比性，本书所用数据均为与 2010 年可比的家庭收入数据。

本书的核心变量是根据碳排放权交易试点省市和政策实施时间所构成的虚拟变量，对于试点省市，在政策实施当年及以后年份设定为 1，其余年份设定为 0，对于非试点省份，各年份均设定为 0。

本书根据已有的研究经验，还控制了可能影响家庭收入的其他家庭特征因素，具体包括家庭户主特征和家庭特征。家庭户主特征包括户主的年龄、性别、是否有配偶、最高学历、健康状况，其中，对于家庭户主身份的认定，根据 CFPS 数据库提供的问卷信息和以往的研究经验，在 2010 年的数据库中，本书根据问卷中"谁是家中主事者"这一问题确定户主身份，而在 2012 ~ 2018 年的数据库中，以问卷中"财务管理者"这一问题确定户主身份。对于家庭户主特征控制变量，年龄和性别由 CFPS 数据库直接提供，但是户主的配偶情况、最高学历和健康状况在不同年份的赋值有所差异，不能直接使用，因此，本书均重新进行分类和赋值。其中，配偶情况分为有配偶和没有配偶两类，赋值分别是 1 和 0。对于最高学历变量，本书将最高学历划分为五类，各类别及相应的赋值分别是文盲（0）、小学（1）、初中（2）、高中（3）、大学及以上（4）。对于健康状况变量，由于 CFPS 数据库中不同年份对健康状况的分类及赋值不同，因此，本书重新定义了健康状况的类别，各类别及相应的赋值分别是健康（1）、一般（2）和不健康（3）。控制变量中的家庭特征包括家庭规模、16 岁以下儿童数量和 65 岁以上老年人的数量，每个变量的取值均根据 CFPS 数据库中提供的原始数据按家庭进行统计后得出。

2010 ~ 2018 年，部分家庭存在分家的情况，也有部分家庭存在居住地在试点省市与非试点省份之间迁移的情况，为保证样本数据的质量，本书剔除了变量数据缺失的家庭样本，以及受访不足 5 轮调查的家庭样本，此外，本书还删除了家庭分家的样本，也删除了 8 年内曾经跨省份迁移的家庭样本，最终保留了 5 403 户家庭样本共计 5 轮的追踪数据，覆盖我国 27 个省、自治区、直辖市①。所有变量的描述性统计见表 5 - 1。

---

① 书中样本不包括海南省、西藏自治区、青海省、宁夏回族自治区以及港澳台地区。

表 5 - 1　　　　　　碳规制对家庭各项收入影响的描述性统计

变量	观测值	均值	标准差	最小值	最大值
家庭纯收入	27 015	45 508.68	63 469.31	0	4.1e + 06
工资收入	27 015	30 051.32	54 567.08	0	4.0e + 06
经营收入	27 015	4 000.61	12 681.60	0	7.9e + 05
财产收入	27 015	1 362.06	15 327.13	0	2.0e + 06
政府补助	27 015	7 714.37	18 384.03	0	4.8e + 05
其他收入	27 015	1 440.95	8 360.55	0	5.5e + 05
试点虚拟变量	27 015	0.19	0.40	0	1
性别	27 015	0.58	0.49	0	1
年龄	27 015	52.06	13.05	16	93
是否有配偶	27 015	0.89	0.32	0	1
最高学历	27 015	1.48	1.20	0	4
健康状况	27 015	1.62	0.79	1	3
家庭规模	27 015	3.79	1.75	1	17
16 岁以下儿童数量	27 015	0.65	0.88	0	8
65 岁以上老人数量	27 015	0.46	0.73	0	3

资料来源：根据中国家庭追踪调查数据库整理。

　　在对样本进行倾向得分匹配时，本书采用的是最近邻（1∶4）的匹配方法，匹配时选择了不同层次的协变量以期达到更加精准的匹配效果，各层次的协变量主要包括户主的性别、年龄、婚姻状况、健康状况、最高学历等户主特征，家庭规模、16 岁以下儿童数量和 65 岁以上老年人数量等家庭特征，以及家庭所在城乡特征和所在东中西部区域特征。匹配后的处理组与对照组均通过平稳性检验，根据表 5 - 2 的结果，处理组与对照组的组间差异有所降低。

表 5 - 2　　　　　倾向得分匹配的平衡性检验结果（家庭各项收入）

变量	样本	均值		标准偏误	标准偏误减少	t 值	p 值
		处理组	控制组				
性别	匹配前	0.696	0.771	- 17.0	77.6	- 5.08	0.000
	匹配后	0.694	0.678	3.8		0.83	0.409

续表

变量	样本	均值		标准偏误	标准偏误减少	t 值	p 值
		处理组	控制组				
年龄	匹配前	52.465	49.091	27.5	94.9	8.04	0.000
	匹配后	52.386	52.559	-1.4		-0.32	0.752
是否有配偶	匹配前	0.909	0.914	-1.6	45.9	-0.46	0.648
	匹配后	0.909	0.906	0.8		0.19	0.850
最高学历	匹配前	1.702	1.451	21.0	94.0	6.26	0.000
	匹配后	1.706	1.691	1.3		0.29	0.775
健康状况	匹配前	1.752	1.723	4.0	95.9	1.14	0.253
	匹配后	1.751	1.750	0.2		0.04	0.970
家庭规模	匹配前	3.571	3.676	-6.6	41.7	-1.98	0.048
	匹配后	3.539	3.478	3.8		0.92	0.360
16 岁以下儿童数量	匹配前	0.572	0.687	-13.8	71.0	-4.03	0.000
	匹配后	0.562	0.529	4.0		0.99	0.324
65 岁以上老人数量	匹配前	0.355	0.269	14.1	69.2	4.27	0.000
	匹配后	0.350	0.377	-4.4		-0.93	0.354
城乡	匹配前	0.681	0.384	62.4	93.5	17.88	0.000
	匹配后	0.679	0.699	-4.1		-0.96	0.338
东部地区	匹配前	0.864	0.329	130.3	98.8	34.72	0.000
	匹配后	0.864	0.857	1.6		0.43	0.670
中部地区	匹配前	0.091	0.340	-63.6	98.3	-16.31	0.000
	匹配后	0.091	0.095	-1.1		-0.34	0.735

资料来源：笔者利用 stata17.0 软件处理得到。

二、基准回归结果分析

根据上述研究策略，本书采用 PSM-DID 方法进行基准回归，回归结果见表 5 - 3。

表 5 – 3　　　　　　　　碳排放权交易试点政策对家庭各项收入的影响

变量	模型 1	模型 2	模型 3	模型 4	模型 5
	工资收入	经营收入	财产收入	政府补助	其他收入
DID	− 0.0563 *** (0.0101)	0.0707 *** (0.0067)	0.0004 (0.0047)	− 0.0001 (0.0119)	− 0.0071 (0.0045)
控制变量	控制	控制	控制	控制	控制
个体固定	控制	控制	控制	控制	控制
时间固定	控制	控制	控制	控制	控制
常数项	0.4250 *** (0.0268)	0.3061 *** (0.0197)	0.0364 ** (0.0148)	0.1550 *** (0.0382)	0.1211 *** (0.0123)
观测值	26 220	26 220	7 340	6 703	26 220

注：*、**、*** 分别表示回归系数在10%、5%、1%的置信水平下显著，各模型均采用稳健标准误。

资料来源：笔者利用 stata17.0 软件处理得到。

模型 1 表示碳排放权交易试点政策对家庭工资收入的影响，回归系数显著为负，表明碳排放权交易试点政策将会降低家庭工资收入的比重，可能的原因在于，在实施碳排放权交易政策后，受管制企业的生产成本会增大，企业便有动机通过减少员工福利、缩减奖金、降低工资率，甚至采取裁员等手段控制生产的总成本，这便导致劳动者工资水平下降或因裁员导致工资收入下降。韩晓祎和许雯雯（2023）的研究也表明，劳动力越密集的企业，企业将上涨的成本转嫁给劳动者的程度越大。因此，碳排放权交易试点政策对家庭工资收入产生了显著的不利影响。

模型 2 表示碳排放权交易试点政策对家庭经营收入的影响，回归系数显著为正，表明碳排放权交易试点政策有助于提高家庭经营收入的比重，对此可能的解释是，一方面，对于经营收入中的企业经营利润，政府为了支持企业向绿色低碳转型，会对采用绿色低碳技术的企业给予补贴或税费优惠，可以达到减轻企业转型成本并增加经营利润的效果，有利于家庭经营收入的增加。此外，如果家庭是控排企业的所有者，由于试点阶段的碳排放配额免费发放给企业，这种免费发放的配额相当于增加了企业关于配额的稀缺租金，也就相应增加了经济利润（Parry I W H，2004），有利于家庭经营收入的增加。另一方面，对于经营收入中的农业净收入，由于实施碳规制改善了生态环境，为农业生产经营创造了良好的条件，再加上为适应气候变化，政府在改善种养模式等农业领域增强了资金和政策的支持，因此也有利于增加家庭的农业净收入。

模型3表示碳排放权交易试点政策对家庭财产收入的影响，回归系数显示，碳排放权交易试点政策对家庭财产收入会产生非常微弱的提升作用，但是该效应在统计上并不显著。对此可能的解释是，家庭的财产收入主要通过动产及不动产两种渠道获取。家庭可以通过银行存款、股票、有价证券等动产获得利息、股息、红利等财产性收入，但是，目前碳排放权交易政策主要是给企业减负让利，碳排放权交易政策增加的企业收益最终变现为家庭财产收入的占比相对偏低，因此，碳排放权交易试点政策对家庭财产中的动产收入影响微弱。不动产方面，家庭主要通过对持有的房屋、车辆、收藏品等不动产进行交易、出租等方式获得财产性收入，这一过程在短期内几乎不会受到碳规制的影响。此外，如果让碳规制通过资本化的途径增加住房、土地等价值可能需要漫长的时间，在短期内难以对家庭财产收入产生积极作用。因此，碳规制对家庭财产中的不动产收入影响较微弱。此外，我国居民收入结构中，财产性收入的占比较少是较为显著的特征，难以让碳排放权交易政策发挥显著的大幅度提升财产性收入的作用。

模型4和模型5分别表示碳排放权交易试点政策对家庭政府补助收入和其他收入的影响，回归系数在统计上不显著，主要是因为政府补助额度通常由相关补助项目制定，而其他收入主要是亲友馈赠。碳排放权交易政策并不会通过要素价格对这两项收入产生直接影响，因此，碳排放权交易试点政策对政府补助和其他收入没有显著影响。

三、稳健性检验

（一）平行趋势检验及动态效应分析

由于双重差分模型使用的前提是必须要满足平行趋势假设，也就是要求在碳排放权交易试点政策实施之前，处理组与控制组的家庭各项收入具有相同的长期变化趋势。虽然基准分析中已采用倾向得分匹配方法，但仍需检验平行趋势。对此，本书利用事件分析法进行检验，不仅可以检验在经过倾向得分匹配后，处理组与控制组在政策实施之前是否具有共同趋势，还可以分析在碳排放权交易试点政策实施后，该政策对家庭各项收入的动态效应。

表5-4为事件分析法的回归结果，pre_2表示碳排放权交易试点政策实施之前两期（对应2010年），current表示碳规制政策实施当期（对应2014年），post_1和post_2分别表示碳规制政策实施后的第一期和第二期（分别对应2016

年和 2018 年）。pre_2 的回归系数显示，在碳排放权交易试点政策实施之前，系数不显著异于0，表明政策实施前处理组家庭与控制组家庭满足平行趋势的假设。

表 5 − 4 平行趋势检验及动态效应回归结果（家庭各项收入）

变量	模型 1	模型 2	模型 3	模型 4	模型 5
	工资收入	经营收入	财产收入	政府补助	其他收入
pre_2	− 0. 0231 (0. 0143)	− 0. 0014 (0. 0089)	− 0. 0057 (0. 0072)	0. 0201 (0. 0146)	0. 0007 (0. 0075)
$current$	− 0. 0570 *** (0. 0144)	0. 0536 *** (0. 0087)	− 0. 0057 (0. 0070)	0. 0064 (0. 0163)	0. 0014 (0. 0068)
$post\_1$	− 0. 0561 *** (0. 0150)	0. 0515 *** (0. 0087)	− 0. 0027 (0. 0080)	0. 0180 (0. 0172)	− 0. 0149 ** (0. 0070)
$post\_2$	− 0. 0903 *** (0. 0153)	0. 1045 *** (0. 0086)	0. 0007 (0. 0074)	0. 0058 (0. 0179)	− 0. 0067 (0. 0074)
控制变量	控制	控制	控制	控制	控制
2012 年	− 0. 1618 *** (0. 0073)	− 0. 0354 *** (0. 0056)	0. 0178 *** (0. 0047)	0. 0704 *** (0. 0102)	0. 0065 * (0. 0036)
2014 年	− 0. 0252 *** (0. 0067)	− 0. 1051 *** (0. 0056)	0. 0150 *** (0. 0047)	0. 1293 *** (0. 0114)	− 0. 0108 *** (0. 0031)
2016 年	− 0. 0362 *** (0. 0071)	− 0. 1121 *** (0. 0057)	0. 0133 *** (0. 0046)	0. 1461 *** (0. 0123)	− 0. 0009 (0. 0033)
2018 年	0. 0350 *** (0. 0073)	− 0. 1824 *** (0. 0058)	0. 0127 *** (0. 0045)	0. 1087 *** (0. 0129)	0. 0195 *** (0. 0037)
常数项	0. 4298 *** (0. 0271)	0. 3058 *** (0. 0200)	0. 0393 *** (0. 0145)	0. 1450 *** (0. 0387)	0. 1207 *** (0. 0124)
观测值	26 220	26 220	7 340	6 703	26 220

注：* 、 ** 、 *** 分别表示回归系数在10% 、5% 、1% 的置信水平下显著，各模型均采用稳健标准误。

资料来源：笔者利用 stata17.0 软件处理得到。

在政策实施后，对于工资收入，回归系数仍然为负，且不利影响具有增大的趋势，表明碳规制对家庭工资收入的负向影响在短期内并不会消散。造成这一结果的原因可能是绿色低碳转型是一个长期的过程，需要通过调整劳动力的技能、增加就业等多种方式带动劳动力的低碳转型，才有可能让劳动力适配我国低碳转型的步伐，从而逐渐提高家庭的工资收入。对于家庭的经营收入，在碳排放权交易试点政策实施之后，回归系数显著为正，且随着时间的推移，碳规制政策对家庭经营收入的促进作用逐渐增强。针对这一结果，可能的原因在于，在"双碳"目标下，为了在预期年限内实现目标，也为了加速向低碳转型，我国有许多政策、项目、资金向相关企业倾斜，为企业带来较多的机遇和发展空间，且免费发放碳排放配额的碳排放权交易政策的实施给企业创造了较好的经营环境，再加上碳规制带来的生态持续改善为农业生产增加效益，相应地，家庭经营收入随之上涨。对于财产收入、政府补助和其他收入，在碳排放权交易试点政策实施之后，回归系数较小，且大多数时期影响不稳定也不显著，表明碳规制政策对这三类收入来源也不具有显著的长期作用。

（二） 渐进双重差分方法的回归分析

在我国碳排放权交易试点政策实施的过程中，第一批试点的7个省市于2014年前后正式启动，而在2016年12月新增福建省作为试点。由于本书微观数据是2010~2018年的两年一轮的追踪数据，如果将第二批的政策实施节点设定在2016年，回归结果可能不精确，而将政策实施节点设定在2017年，没有可以与之匹配的微观家庭数据，因此，本书并没有在基准分析中考虑福建省的试点情况，而是将其置于稳健性检验中，采用倾向得分匹配结合渐进双重差分方法进行分析。表5-5的回归结果显示，碳排放权交易试点政策对家庭工资收入、经营收入、财产收入、政府补助和其他收入的影响方向及显著性与基准回归结果保持一致，表明基准回归结果稳健。

表5-5　　　　渐进双重差分方法的回归结果（家庭各项收入）

变量	模型1	模型2	模型3	模型4	模型5
	工资收入	经营收入	财产收入	政府补助	其他收入
DID	-0.0580*** (0.0099)	0.0708*** (0.0067)	-0.0028 (0.0048)	-0.0087 (0.0118)	-0.0035 (0.0045)
控制变量	控制	控制	控制	控制	控制
个体固定	控制	控制	控制	控制	控制
时间固定	控制	控制	控制	控制	控制

续表

变量	模型 1	模型 2	模型 3	模型 4	模型 5
	工资收入	经营收入	财产收入	政府补助	其他收入
常数项	0. 4281 *** (0. 0268)	0. 3017 *** (0. 0197)	0. 0414 *** (0. 0158)	0. 1194 *** (0. 0381)	0. 1207 *** (0. 0123)
观测值	26 201	26 201	7 215	6 598	26 201

注：*、**、*** 分别表示回归系数在 10%、5%、1% 的置信水平下显著，各模型均采用稳健标准误。

资料来源：笔者利用 stata17.0 软件处理得到。

四、安慰剂检验

为增加基准回归结果的可靠性，本书采用构造虚拟处理组的方式进行安慰剂检验。在所有样本中随机抽取 6 个省（市）的样本，将其设定为碳排放权交易试点的"伪"处理组，其余省市设定为非试点的"伪"控制组，按照式（5 - 1）重新估计碳排放权交易试点政策对家庭各项收入的影响，将上述过程重复 500 次后，便可以得到双重差分的 500 个估计系数和与之对应的 P 值。图 5 - 2 是对每一项家庭收入进行安慰剂检验的核密度图，图中的虚线表示500 次安慰剂回归所得的回归系数，圆点为对应的 P 值。

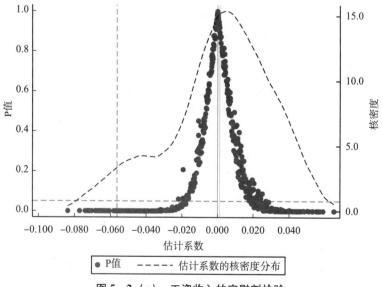

图 5 - 2（a）　工资收入的安慰剂检验

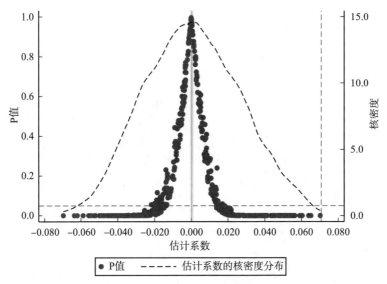

图 5 - 2 （b）　经营收入的安慰剂检验

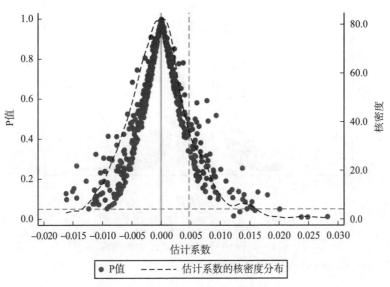

图 5 - 2 （c）　财产收入的安慰剂检验

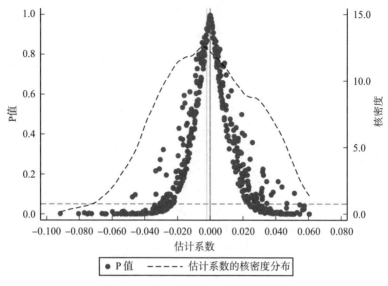

图 5 - 2（d）　政府补助的安慰剂检验

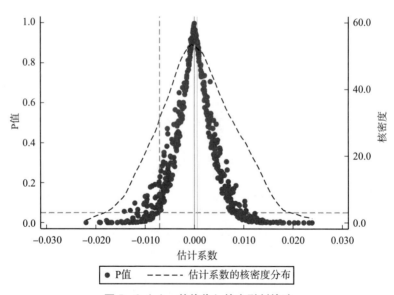

图 5 - 2（e）　其他收入的安慰剂检验

资料来源：笔者利用 stata17.0 软件处理得到。

　　图 5 - 2（a）为碳排放权交易试点政策影响家庭工资收入的安慰剂检验，"伪"试点地区安慰剂检验回归系数的均值接近于 0，与之对应的 P 值大多数

不显著。垂直于横轴的虚线表示基准回归中的系数为 -0.0563，处于系数分布的左端且接近末尾处，且对应的 P 值显著，表明随机抽取处理组作为"伪"试点省市时，碳排放权交易试点政策对家庭工资收入的影响并不显著，即基准回归估计结果稳健。

图 5 - 2 (b) 为碳排放权交易试点政策影响家庭经营收入的安慰剂检验结果，"伪"试点地区安慰剂检验的回归系数的均值接近 0，系数呈正态分布状态，且回归系数均值附近回归系数对应的 P 值并不显著。垂直于横轴的虚线表示基准回归中的系数为 0.0707，其处于系数分布的右侧末端且 P 值显著，表明随机抽取处理组作为"伪"试点省市时，碳排放权交易试点政策对家庭经营收入的影响并不显著，本书的基准回归结果稳健。

图 5 - 2 (c) 是碳排放权交易试点政策影响家庭财产收入的安慰剂检验结果，"伪"试点省市作为处理组时的回归系数均值接近于 0，且回归系数与对应的 P 值均呈正态分布形状。垂直于横轴的虚线表示基准回归中的系数为 0.0004，在基准回归中系数不显著，在安慰剂检验中也不显著，表明碳排放权交易试点政策对家庭的财产收入没有显著的影响，基准回归结果较为稳健。

图 5 - 2 (d) 和图 5 - 2 (e) 是碳排放权交易试点政策影响家庭政府补助和其他收入的安慰剂检验结果，"伪"试点政策的回归系数均值都接近于 0，均值附近的回归系数对应的 P 值均不显著。垂直于横轴的虚线分别表示基准回归中政府补助对应的回归系数为 -0.0001 和其他收入对应的回归系数为 -0.0071，两个系数在安慰剂检验中靠近均值且不显著，在基准回归中也不显著，表明碳排放权交易试点政策对家庭政府补助和家庭其他收入均没有显著的影响。

第二节　碳规制对家庭总收入的影响

促进居民增收是我国实现共同富裕的必要条件，将家庭从不同来源获取的各项收入汇总构成家庭总收入，是衡量家庭经济水平的重要参考内容，因此，分析碳规制对家庭总收入的影响具有一定的研究意义。但由于碳排放权交易试点政策对不同收入来源的影响各有差异，因此，碳规制对家庭总收入的影响具有不确定性，有必要在分析碳规制对家庭各项收入影响的基础上进一步讨论碳规制对家庭总收入的影响。

一、估计方法与变量说明

(一) 估计方法

本章所分析的碳规制仍然为碳排放权交易试点政策,由于碳排放权交易试点政策中试点省市的选择并非随机,为保障碳排放权交易试点政策实施之前,处理组与控制组的家庭总收入具有一致的长期趋势,在本节中仍采用倾向得分匹配结合双重差分模型的方法分析碳规制对家庭总收入影响的净效应。在匹配过程中仍以 2010 年为基准进行处理组与控制组的匹配,具体原因与第一节所述一致,不再赘述。在删除未参与匹配的样本后,匹配成功的家庭样本进一步利用如下模型进行双重差分基准回归。其中,$\ln Y_{it}$ 表示家庭 i 在第 t 年的家庭总收入的对数,其余变量的含义与式 (5-1) 的含义一致。

$$\ln Y_{it} = \alpha_0 + \alpha_1 treat_{it} \times time_{it} + \beta X_{it} + \delta_i + \tau_t + \varepsilon_{it} \qquad (5-3)$$

(二) 数据与变量说明

本节所用的数据来源及所使用的控制变量与第一节一致,不再赘述。需特别说明的是,在分析碳规制对家庭总收入的影响时,所采用的被解释变量是 CFPS 数据库中所提供的家庭纯收入,因此,下文所指的家庭总收入均为家庭纯收入,而非包含经营成本的毛收入。本书在全部家庭样本中剔除了含有缺失值的家庭样本和受访不足 5 轮的家庭样本,还删除了存在家庭分家情况的样本,以及研究期内曾经跨省份迁移的家庭样本,最终保留了 2597 户家庭共计 5 轮的追踪数据。所有相关变量的描述性统计见表 5-6。

表 5-6　　　　　　碳规制对家庭总收入影响的描述性统计

变量	观测值	均值	标准差	最小值	最大值
家庭纯收入的对数	12 985	10.13	1.834	0	15.22
家庭人均纯收入的对数	12 985	8.98	1.700	0	13.65
性别	12 985	0.54	0.498	0	1
年龄	12 985	53.76	13.228	16	93
是否有配偶	12 985	0.88	0.323	0	1
最高学历	12 985	1.64	1.228	0	4
健康状况	12 985	1.62	0.784	1	3

续表

变量	观测值	均值	标准差	最小值	最大值
家庭规模	12 985	3.59	1.692	1	14
16 岁以下儿童数量	12 985	0.54	0.815	0	8
65 岁以上老人数量	12 985	0.52	0.762	0	3

资料来源：笔者根据中国家庭追踪调查数据库整理。

在对样本进行倾向得分匹配时，本书采用最近邻匹配（1∶4）的匹配方法，协变量包括家庭户主的性别、年龄、婚姻状况、健康状况、最高学历等户主特征，家庭规模、16 岁以下儿童数量和 65 岁以上老年人数量等家庭特征，以及家庭所在城乡和区域特征。表 5 - 7 为倾向得分匹配的平稳性检验结果，如表中结果所示，处理组与对照组的组间差异大大降低，匹配后各协变量的标准偏误的绝对值均小于 10，且对应的 P 值均不显著，表明处理组与对照组匹配效果较好。

表 5 - 7   倾向得分匹配的平稳性检验结果（家庭总收入）

变量	样本	均值		标准偏误	标准偏误减少	t 值	p 值
		处理组	控制组				
性别	匹配前	0.696	0.770	-16.7	57.9	-5.01	0.000
	匹配后	0.695	0.664	7.1		1.52	0.128
年龄	匹配前	52.512	49.144	27.4	90.2	8.02	0.000
	匹配后	52.433	52.764	-2.7		-0.61	0.545
是否有配偶	匹配前	0.909	0.912	-1.3	-10.7	-0.38	0.707
	匹配后	0.908	0.904	1.4		0.32	0.750
最高学历	匹配前	1.697	1.448	20.9	75.2	6.24	0.000
	匹配后	1.701	1.640	5.2		1.17	0.244
健康状况	匹配前	1.751	1.724	3.7	32.6	1.05	0.295
	匹配后	1.750	1.768	-2.5		-0.57	0.569
家庭规模	匹配前	3.573	3.669	-6.0	15.5	-1.80	0.072
	匹配后	3.542	3.461	5.1		1.20	0.229
16 岁以下儿童数量	匹配前	0.572	0.685	-13.5	84.3	-3.96	0.000
	匹配后	0.562	0.545	2.1		0.52	0.601

续表

变量	样本	均值		标准偏误	标准偏误减少	t 值	p 值
		处理组	控制组				
65 岁以上老人数量	匹配前	0.357	0.271	14.1	83.2	4.26	0.000
	匹配后	0.352	0.367	-2.4		-0.51	0.612
城乡	匹配前	0.681	0.383	62.5	93.6	17.94	0.000
	匹配后	0.679	0.698	-4.0		-0.93	0.351
东部地区	匹配前	0.865	0.330	130.1	99.0	34.73	0.000
	匹配后	0.864	0.859	1.3		0.36	0.716
中部地区	匹配前	0.090	0.340	-63.7	98.9	-16.34	0.000
	匹配后	0.091	0.094	-0.7		-0.21	0.835

资料来源：笔者利用 stata17.0 软件处理得到。

二、基准回归结果分析

采用倾向得分匹配结合双重差分模型的回归结果见表 5 - 8。模型 1 至模型 4 逐步加入家庭户主特征控制变量、家庭特征控制变量以及控制时间固定效应，回归系数的正负方向没有变化，显著性保持一致。基准回归结果显示，我国的碳排放权交易试点政策对家庭总收入产生了显著且稳定的正向影响，表明碳规制政策有助于提升家庭总收入水平。可能的解释是，本书的家庭总收入由工资收入、经营收入、财产收入、政府补助和其他收入构成，结合本章第一节的基准回归结果可知，碳排放权交易政策可显著影响工资收入和经营收入，因此碳排放权交易政策对家庭总收入的影响主要是通过工资收入和经营收入发挥作用。从影响方向和影响强度来看，由于碳排放权交易政策对经营收入具有相对较强的正向影响，可以抵消对家庭工资收入的不利影响，因此，在综合影响下有利于提升家庭总收入水平。这一结论也呼应了理论模型中的结果，即碳排放权交易政策对劳动和资本价格的影响方向相反，最终对家庭总收入的影响方向和程度视碳排放权交易政策对劳动收入和资本收入影响的相对大小而定。

表 5 - 8　　　　　　碳规制对家庭总收入影响的基准回归结果

变量	模型 1	模型 2	模型 3	模型 4
DID	0.4806 *** (0.0449)	0.4376 *** (0.0470)	0.3780 *** (0.0481)	0.2019 *** (0.0573)

续表

变量	模型1	模型2	模型3	模型4
户主特征控制变量	未控制	控制	控制	控制
家庭特征控制变量	未控制	未控制	控制	控制
个体固定	控制	控制	控制	控制
时间固定	未控制	未控制	未控制	控制
常数项	10.0195 *** (0.0104)	9.2955 *** (0.1687)	8.6235 *** (0.1819)	9.0532 *** (0.1830)
观测值	12 985	12 985	12 985	12 985

注：*、**、***分别表示回归系数在10%、5%、1%的置信水平下显著，各模型均采用稳健标准误。

资料来源：笔者利用stata17.0软件处理得到。

三、稳健性检验

(一) 平行趋势检验及动态效应分析

本书采用事件分析方法对基准回归进行平行趋势检验，同时，分析碳排放权交易试点政策对家庭总收入影响的动态效应。回归结果见表5-9。模型1中未加入控制变量，模型2中加入了家庭户主特征及家庭特征的控制变量。结果显示，pre_2（对应2010年）的回归系数均不显著，表明在政策实施之前，处理组与控制组的家庭总收入具有相同的长期趋势，基准回归满足平行趋势假设。根据$current$、$post\_1$和$post\_2$（对应2014年、2016年和2018年）的回归系数可知，碳排放权交易试点政策对家庭总收入的影响具有滞后效应，在政策实施当年（2014年）没有产生显著的正向影响，而在政策实施的后续年份中，碳排放权交易试点政策对家庭总收入的影响显著为正，且无论是显著性程度还是回归系数均呈逐年增强的趋势。结果表明随着时间的推移，碳排放权交易试点政策可以持续有效地提升家庭总收入，本书的基准回归结果稳健。

表5-9　　　　平行趋势检验及动态效应回归结果（家庭总收入）

变量	模型1	模型2
pre_2	-0.0007 (0.0730)	-0.0017 (0.0731)

续表

变量	模型 1	模型 2
current	0.1402 (0.0885)	0.1193 (0.0886)
post_1	0.1724 ** (0.0875)	0.1608 * (0.0871)
post_2	0.3491 *** (0.0819)	0.3232 *** (0.0804)
2012 年	0.0866 * (0.0450)	0.0795 * (0.0461)
2014 年	0.1227 ** (0.0530)	0.1138 ** (0.0541)
2016 年	0.2762 *** (0.0525)	0.2537 *** (0.0549)
2018 年	0.5103 *** (0.0542)	0.4996 *** (0.0582)
控制变量	未控制	控制
常数项	9.8808 *** (0.0383)	9.0508 *** (0.1866)
观测值	12 985	12 985

注：*、**、*** 分别表示回归系数在 10%、5%、1% 的置信水平下显著，各模型均采用稳健标准误。

资料来源：笔者利用 stata17.0 软件处理得到。

针对上述结果可能的解释是，碳排放权交易试点政策实施后，碳价机制将激励企业主动改进生产技术，提升绿色技术创新水平，从而有利于企业经营利润增长和家庭经营收入增加。在碳排放权交易试点政策启动之初，许多企业的技术创新也在研发中，因此碳排放权交易试点政策对企业经营利润的提高作用相对较小，通过家庭经营收入增加抵消家庭工资收入降低的作用有限，导致政策实施初期对家庭总收入的提升效果不够显著。随着时间的推移，碳排放权交易政策促进企业的技术创新水平提高，对企业经营的有益影响增强，则碳排放权交易试点政策通过技术创新和企业利润对家庭经营收入的提升作用也越来越强，可以有效抵消碳排放权交易试点政策对家庭工资收入的不利影响，促使家庭总收入显著增加。此外，在碳排放权交易试点政策的作用下，生态环境的改善也有利于农户增加农业经营收入，也能够在一定程度上促进家庭总收入的提升。

（二）渐进双重差分方法的回归分析

由于我国碳排放权交易试点政策分别设定了两批试点省市，分别在2014年前后和2016年12月22日正式启动，因此，本书采用倾向得分匹配结合渐进双重差分方法分析我国两批碳排放权交易试点的实施对家庭总收入的影响效应。将2014年设定为第一批6个试点省市的实施时间节点，将2016年设定为第二批福建省实施时间节点，在回归模型中逐步加入家庭户主特征控制变量、家庭特征控制变量以及控制时间固定效应后的回归结果见表5-10，结果显示，碳排放权交易试点政策对家庭总收入的影响显著为正，表明本书的基准回归结果稳健。

表5-10　　　　　　渐进双重差分方法的回归结果（家庭总收入）

变量	模型1	模型2	模型3	模型4
DID	0.4428 *** (0.0457)	0.4060 *** (0.0476)	0.3486 *** (0.0486)	0.2216 *** (0.0576)
户主特征控制变量	未控制	控制	控制	控制
家庭特征控制变量	未控制	未控制	控制	控制
个体固定	控制	控制	控制	控制
时间固定	未控制	未控制	未控制	控制
常数项	10.0047 *** (0.0106)	9.2038 *** (0.1609)	8.5459 *** (0.1708)	8.8920 *** (0.1733)
观测值	13 320	13 320	13 320	13 320

注：*、**、*** 分别表示回归系数在10%、5%、1%的置信水平下显著，各模型均采用稳健标准误。

资料来源：笔者利用 stata17.0 软件处理得到。

（三）更换不同倾向得分匹配方法

在本书的基准回归模型中，倾向得分匹配采用的是最近邻匹配（1:4）的方法，为确保基准回归的研究结果稳健，本书将采用不同的匹配方法对处理组和控制组进行重新匹配，匹配过程中所采用的协变量与基准回归保持一致，且依旧以2010年样本为基准进行匹配，以保证与处理组对应的控制组在各年份的稳定性。分别将采用不同匹配方法匹配后的对照组通过双重差分方法进行回归,表5-11的回归结果显示,采用最近邻匹配(1:2)、半径匹配、核匹配后,双重差分回归系数均显著为正,且回归系数大小与表5-8中模型4的回归系数大小相近,可以证明,无论采用哪种倾向得分的匹配方式,碳排放权交易试点政策对家庭总收入都存在显著的正向影响,即本书的基准回归结果较为稳健。

表5-11   采用其他匹配方法的 PSM-DID 回归结果

变量	最近邻匹配(1:2)	半径匹配	核匹配
DID	0.1937 *** (0.0631)	0.2384 *** (0.0508)	0.2305 *** (0.0488)
控制变量	控制	控制	控制
个体固定	控制	控制	控制
时间固定	控制	控制	控制
常数项	9.1756 *** (0.2211)	8.7977 *** (0.1256)	8.7751 *** (0.1221)
观测值	9 660	24 860	26 710

注: * 、 ** 、 *** 分别表示回归系数在10%、5%、1%的置信水平下显著,各模型均采用稳健标准误。
资料来源:笔者利用stata17.0软件处理得到。

四、安慰剂检验

本书采用虚构处理组的方式进行安慰剂检验。在27个省市中随机抽取6个省市作为"伪"处理组的碳排放权交易试点省市,其余省市作为非试点的控制组,并采用双重差分方法对"伪政策虚拟变量"进行回归,重复进行500次抽取与回归,将所得的500次回归结果的估计系数和对应的P值绘制于图5-3中,虚线表示"伪政策虚拟变量"的估计系数,圆点表示估计系数对应的P值,X轴表示回归系数大小,垂直于X轴的虚线表示基准回归中的估计系数。

从图5-3中可以看出,估计系数均值为正且接近于0,均值附近的回归系数所对应的P值均不显著,而基准回归中的估计系数处于回归系数分布右侧末端,所对应的P值显著,表明本书基准回归所得碳排放权交易试点政策可以显著提升家庭总收入的结论并非偶然,即基准回归结果稳健。

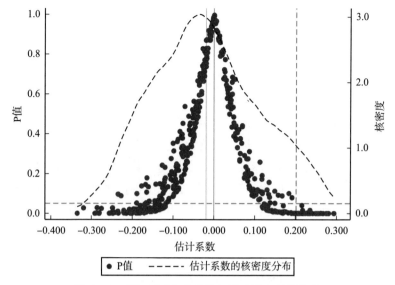

图 5 - 3 碳规制对家庭总收入影响的安慰剂检验

资料来源：笔者利用 stata17.0 软件处理得到。

第三节 碳规制对家庭收入影响的群体间差异分析

我国幅员辽阔，不同区域经济发展水平、居民生活习惯、要素资源禀赋等存在一定的差异，因此，碳规制对不同区域内家庭收入的影响可能具有区域异质性。我国城乡具有明显的差异，城乡居民的收入来源、收入结构也有很大不同，因此，碳规制对城乡家庭收入的影响也可能存在异质性。此外，不同收入水平的群体之间特征迥异，家庭成员所处行业也可能导致碳规制对家庭收入的影响存在家庭特征的异质性。因此，本书仍以碳排放权交易试点政策为例，从不同视角对全部样本进行分组，进一步探讨碳规制对不同群体家庭收入影响的异质效应。

一、区域及城乡的异质效应分析

(一) 东部、中部、西部的区域异质性分析

我国不同区域的经济发展程度存在差异的事实不可否认，因此，受东部、中部、西部三大经济带资源禀赋、生态环境特征、地理优势特点、经济发展水

平等因素的影响，不同区域之间家庭收入结构以及水平也存在一定差距，在碳排放权交易试点政策实施后，可能会对不同区域的家庭收入结构和收入水平产生异质性影响。

我国东部地区、中部地区和西部地区均有碳排放权交易试点省市，这为本书分析不同区域的碳排放权交易试点政策对家庭收入影响的异质性提供了可行条件。利用倾向得分匹配结合双重差分模型，本书估计了不同区域的碳排放权交易试点政策对家庭各项收入以及家庭总收入的净效应。其中，被解释变量中的工资收入、经营收入、财产收入、政府补助、其他收入和家庭总收入的定义与本章第一节和第二节的变量定义相同，此处不再赘述。将全部家庭样本根据家庭所在省市的地理区位进行分组后，各地区碳排放权交易试点政策对家庭收入影响的回归结果见表5－12。

表5－12　　　　　　　碳规制对家庭收入的区域异质性回归结果

区域	东部	中部	西部	东部	中部	西部
变量	工资收入	工资收入	工资收入	经营收入	经营收入	经营收入
DID	-0.0322 *** (0.0124)	0.0482 (0.0302)	-0.0710 * (0.0427)	0.0652 *** (0.0086)	-0.0201 (0.0230)	0.0303 (0.0330)
控制变量	控制	控制	控制	控制	控制	控制
个体固定	控制	控制	控制	控制	控制	控制
时间固定	控制	控制	控制	控制	控制	控制
常数项	0.4986 *** (0.0413)	0.3874 *** (0.0477)	0.3264 *** (0.0496)	0.2532 *** (0.0284)	0.3167 *** (0.0364)	0.4101 *** (0.0389)
观测值	11 428	7 747	7 045	11 428	7 747	7 045
区域	东部	中部	西部	东部	中部	西部
变量	财产收入	财产收入	财产收入	政府补助	政府补助	政府补助
DID	-0.0009 (0.0052)	0.0172 (0.0147)	-0.0250 (0.0177)	-0.0046 (0.0134)	-0.0185 (0.0269)	0.0892 * (0.0518)
控制变量	控制	控制	控制	控制	控制	控制
个体固定	控制	控制	控制	控制	控制	控制
时间固定	控制	控制	控制	控制	控制	控制
常数项	0.0540 *** (0.0147)	0.0318 (0.0316)	-0.1398 (0.1253)	0.1689 *** (0.0429)	0.1159 (0.1013)	0.0821 (0.1510)
观测值	5 872	974	494	5 325	904	474

续表

区域	东部	中部	西部	东部	中部	西部
变量	其他收入	其他收入	其他收入	家庭总收入	家庭总收入	家庭总收入
DID	-0.0164*** (0.0057)	-0.0125 (0.0116)	-0.0195 (0.0300)	0.2562*** (0.0672)	0.0675 (0.1104)	0.0422 (0.2007)
控制变量	控制	控制	控制	控制	控制	控制
个体固定	控制	控制	控制	控制	控制	控制
时间固定	控制	控制	控制	控制	控制	控制
常数项	0.1011*** (0.0204)	0.1305*** (0.0219)	0.1222*** (0.0186)	9.0302*** (0.2202)	9.2809*** (0.4392)	8.5986*** (0.5158)
观测值	11 428	7 747	7 045	9 740	2 134	1 111

注：*、**、*** 分别表示回归系数在10%、5%、1%的置信水平下显著，各模型均采用稳健标准误。

资料来源：笔者利用stata17.0软件处理得到。

从工资收入来看，碳排放权交易试点政策会显著降低东部地区、西部地区家庭的工资收入占比，但是对中部地区家庭工资收入占比的影响不显著。从经营收入来看，碳排放权交易试点政策能够显著提高东部地区家庭经营收入比重，但是对中部地区和西部地区家庭经营收入比重的影响不显著。从财产收入来看，碳排放权交易试点政策对东部、中部和西部地区的家庭财产收入比重均没有显著影响。从政府补助来看，碳排放权交易试点政策对东部地区和中部地区的家庭政府补助比重的影响不显著，但是能够显著提高西部地区的家庭政府补助的比重。从其他收入来看，碳排放权交易试点政策对东部地区家庭的其他收入占比有显著的抑制效果，但是对中部地区和西部地区的影响不显著。从家庭总收入水平来看，碳排放权交易试点政策对东部地区的家庭总收入水平有显著的提升作用，而对中部地区和西部地区而言，虽然对家庭总收入水平有一定的促进作用，但统计上不显著。

针对上述回归结果，可能的解释为，对于东部地区而言，由于东部地区的经济发展水平、生态环境状况和技术创新水平相对较高，民营经济发展程度也较中部地区和西部地区更高，使碳规制对家庭经营收入具有显著的提升作用，尽管家庭经营收入占比提高而工资收入占比降低，财产收入、政府补助和其他收入占总收入的比重也具有降低的趋势，但总体而言，可能因家庭经营收入增加相对较多带动了家庭总收入水平的增长。对于中部地区而言，碳排放权交易试点政策对每项家庭收入以及家庭总收入的影响均不具有统计上的显著性，但是从回归系数的方向来看，碳规制可能相对较多地提升了家庭的工资收入和财产收入，对经营收入、政府补助和其他收入的抑制作用相对较小，因此最终导致对家庭总收入水平的影响为正。对于西部地区而言，在相关政策向西部地区倾斜的作用下，碳规制可以提升家庭经营收入占比，也能够显著提高家庭政府补助的占比，尽管降低了家庭工资收入占比，也降低了财产收入和其他收入的比重，但总体而言，碳规制政策能够提升家庭总收入水平，对西部地区及居民的政府补助的增加起到关键作用。

（二）南方、北方的区域异质性分析

我国南北跨度较大，气候差异导致南方与北方在化石能源的使用方面具有显著不同，北方冬季集中供暖使以煤炭为主的化石能源使用量较多，二氧化碳排放量较大。在"双碳"目标下，碳排放权交易政策对二氧化碳排放总量施加了限定约束，导致南北方承受不同的减排压力，有可能对家庭收入造成差异性影响。对此，本书进一步分析碳排放权交易试点政策对家庭各项收入及家庭总收入的影响是否存在南北方差异。

本书将家庭所在省份按照秦岭、淮河为界划分为南方与北方样本，对于跨界的省市，按照该省市占界线以南或界线以北面积相对更大的方法对其归属进行界定。由于我国碳排放权交易试点省份在南方和北方均有设立，这为本书研究碳规制影响家庭收入净效应的南北差异提供了可行性。将总样本分组后，采用倾向得分匹配结合双重差分模型的方法，按照第一节中的式（5-1）和第二节中的式（5-3）研究碳排放权试点政策对各项收入及家庭总收入的南北异质效应。回归中所用变量的选取与设定皆与前文一致。

表5-13是碳排放权交易试点政策影响家庭各项收入以及家庭总收入的回归结果。从工资收入来看，碳排放权交易试点政策对处于南方的家庭工资收入占比具有显著的负向影响。从经营收入来看，碳排放权交易试点政策对南方和北方家庭经营收入占比均具有显著的正向影响，且系数相近。从财产收入、政府补助和其他收入来看，碳排放交易试点政策对这三类收入占比均没有显著影响。从家庭总收入来看，碳排放权交易试点政策对南方及北方家庭总收入水平的影响虽然为正，对比回归系数可知对南方的正向提升作用稍大于北方，但是统计上并不显著。

表 5 - 13　　　　　　　　　碳规制对家庭收入的南北异质性回归结果

区域	南方	北方	南方	北方
变量	工资收入	工资收入	经营收入	经营收入
DID	- 0. 0724 *** (0. 0130)	0. 0229 (0. 0322)	0. 0800 *** (0. 0094)	0. 0740 *** (0. 0171)
控制变量	控制	控制	控制	控制
个体固定	控制	控制	控制	控制
时间固定	控制	控制	控制	控制
常数项	0. 5276 *** (0. 0424)	0. 3429 *** (0. 0339)	0. 2467 *** (0. 0304)	0. 3540 *** (0. 0261)
观测值	10 767	15 453	10 767	15 453
区域	南方	北方	南方	北方
变量	财产收入	财产收入	政府补助	政府补助
DID	- 0. 0027 (0. 0090)	0. 0094 (0. 0135)	0. 0095 (0. 0185)	- 0. 0522 (0. 0424)
控制变量	控制	控制	控制	控制
个体固定	控制	控制	控制	控制
时间固定	控制	控制	控制	控制
常数项	0. 0350 (0. 0225)	0. 0411 ** (0. 0161)	0. 1826 *** (0. 0467)	0. 1165 * (0. 0657)
观测值	4 111	3 229	3 884	2 819
区域	南方	北方	南方	北方
变量	其他收入	其他收入	家庭总收入	家庭总收入
DID	- 0. 0079 (0. 0059)	- 0. 0148 (0. 0106)	0. 1489 (0. 0926)	0. 0255 (0. 2423)
控制变量	控制	控制	控制	控制
个体固定	控制	控制	控制	控制
时间固定	控制	控制	控制	控制
常数项	0. 0826 *** (0. 0186)	0. 1472 *** (0. 0159)	9. 3531 *** (0. 2497)	8. 7250 *** (0. 2670)
观测值	10 767	15 453	6 396	6 589

　　注：*、**、*** 分别表示回归系数在 10%、5%、1% 的置信水平下显著，各模型均采用稳健标准误。

　　资料来源：笔者利用 stata17. 0 软件处理得到。

对上述结果可能的解释为，南北方气候条件差异导致北方地区对化石能源的依赖性更强，二氧化碳减排难度更大，在碳规制的作用下，更高的减排成本压缩了利润空间，使北方地区的家庭经营收入增幅相对较小。此外，我国碳排放权交易试点省市多居于南方，二氧化碳排放配额的免费发放制度使南方地区相较北方地区获益更多，从而可能导致南方地区的家庭经营收入增幅大于北方地区。从工资收入来看，碳排放权交易政策显著降低了南方家庭的工资收入，可能的原因是，在政策实施之前南方工资水平相对较高，对于南方地区而言，通过降低工资缓解碳规制增加的减排成本相对比北方更容易，从而降低了家庭工资收入。此外，碳排放权交易政策对南方家庭的政府补助也有潜在的提升作用，在一定程度上抵消了对其他收入来源的不利影响，使南方家庭总收入增长相对更多。而对于北方地区，免费分配碳排放配额也能够显著提升北方家庭的经营收入，虽然在一定程度上能够提升工资收入，但因碳规制对政府补助的负向影响较大，使北方地区家庭总收入的提升幅度低于南方地区。

（三）城镇与农村的异质性分析

我国的城乡二元体制使城镇与农村之间有诸多无法避免的显著差异。城镇与农村之间化石能源使用有较大分别（谢伦裕等，2019），碳规制政策对城镇与农村在规制内容、规制方式和规制强度上均有不同，这可能导致碳排放权交易试点政策对处于城镇和农村的家庭产生异质性影响。此外，城镇和农村家庭在要素资源禀赋、人力资本水平、获取收入能力等方面也有很大分别，碳排放权交易试点政策的实施可能对城镇和农村家庭的收入水平及其结构产生不同的影响。

因此，本书将总体样本依照家庭所在地的城乡属性划分为城镇样本与农村样本，采用倾向得分匹配结合双重差分模型进行政策效应评估，按照第一节中的式（5-1）和第二节中的式（5-3）研究碳排放权试点政策对各项收入及家庭总收入的城乡异质效应，所选用的变量与前文相同，回归结果见表 5-14。

表 5-14　　　　　　碳规制对家庭收入的城乡异质性回归结果

区域	城镇	农村	城镇	农村
变量	工资收入	工资收入	经营收入	经营收入
DID	-0.0496 *** (0.0118)	0.0156 (0.0203)	0.0289 *** (0.0064)	0.0376 ** (0.0153)

续表

区域	城镇	农村	城镇	农村
变量	工资收入	工资收入	经营收入	经营收入
控制变量	控制	控制	控制	控制
个体固定	控制	控制	控制	控制
时间固定	控制	控制	控制	控制
常数项	0.6170 *** (0.0394)	0.2505 *** (0.0358)	0.1228 *** (0.0210)	0.4764 *** (0.0307)
观测值	12 372	13 742	12 372	13 742
区域	城镇	农村	城镇	农村
变量	财产收入	财产收入	政府补助	政府补助
DID	0.0070 (0.0071)	−0.0083 (0.0051)	0.0136 (0.0156)	−0.0182 (0.0192)
控制变量	控制	控制	控制	控制
个体固定	控制	控制	控制	控制
时间固定	控制	控制	控制	控制
常数项	0.0298 (0.0226)	0.0313 * (0.0173)	0.2037 *** (0.0531)	0.1173 ** (0.0554)
观测值	4 594	2 709	4 178	2 490
区域	城镇	农村	城镇	农村
变量	其他收入	其他收入	家庭总收入	家庭总收入
DID	−0.0031 (0.0054)	−0.0043 (0.0093)	0.1934 ** (0.0775)	0.2298 ** (0.0914)
控制变量	控制	控制	控制	控制
个体固定	控制	控制	控制	控制
时间固定	控制	控制	控制	控制
常数项	0.0968 *** (0.0170)	0.1452 *** (0.0176)	9.5050 *** (0.2323)	8.4111 *** (0.3054)
观测值	12 372	13 742	7 911	5 008

注：*、**、*** 分别表示回归系数在10%、5%、1%的置信水平下显著，各模型均采用稳健标准误差。

资料来源：笔者利用stata17.0软件处理得到。

从工资收入来看，碳排放权交易试点政策对城镇家庭的工资收入占比具有显著的负向影响，对农村家庭工资收入占比起到一定的提升作用。从经营收入来看，碳排放权交易试点政策能够显著提升城镇和农村家庭的经营收入占比。而对于家庭的财产收入和政府补助而言，碳排放权交易试点政策对两项收入均没有显著影响，但系数方向显示，碳排放权交易政策对城镇而言具有正向作用，对农村家庭起到了抑制效果。对于家庭其他收入，碳排放权交易政策对城乡均具有负向影响。对于家庭总收入，碳排放权交易政策对城镇和农村的家庭总收入均起到显著的提升作用，且从系数大小来看，对农村的收入提升作用更大。

针对上述结果可能的解释是，对于城镇地区，碳排放权交易政策挤压了工资福利，所以对工资收入的不利影响更大；而在农村，通常依靠劳动获取收入，尽管工资的相关福利水平较低但劳动收入的刚性更强，因此对工资收入没有不利影响。对于经营收入，碳排放权交易政策对城镇和农村的家庭经营收入都有显著的积极影响，但由于农村以农业经营收入为主，生态环境改善使农业经营收入涨幅更大。碳排放权交易试点政策对城镇和农村的财产收入、政府补助和其他收入均没有显著影响。对于家庭总收入而言，由于碳排放权交易试点政策对农村家庭工资收入和经营收入均具有提升作用，而城镇家庭的经营收入、财产收入、转移收入的增长会抵消对工资收入和其他收入的不利影响，最终使农村家庭总收入水平提升程度高于城镇。

二、不同家庭特征的异质效应分析

(一) 收入群体异质性分析

共同富裕是中国式现代化的奋斗目标，《中华人民共和国国民经济和社会发展第十四个五年规划和2035年远景目标纲要》提到要持续提高低收入群体收入，扩大中等收入群体，更加积极有为地促进共同富裕。那么在"双碳"目标下，我国实施的碳规制在减少二氧化碳排放的同时能否与共同富裕实现共赢？对不同收入群体的家庭收入是否具有不同的作用效果？是否可以有效提升低收入群体和中等收入群体的收入？对此，本书将对不同收入群体间碳排放权交易试点政策的家庭收入效应进行异质性分析。

对于收入群体的分类目前并没有统一的划分标准，有研究将所有人口按人均年收入排序后将人口数量四等分，分为低收入群体、中低收入群体、中高收入群体和高收入群体。也有研究采用人均日收入或支出在10～100美元的标准划分中等收入群体。在我国，2019 年初我国国家统计局局长就 2018 年国民经济运行情况答记者问时，提出了"以中国典型的三口之家年收入在 10 万 ~ 50 万元"的测度标准测算中等收入群体规模。为了更加贴合共同富裕的发展目标，本书将以我国国家统计局所使用的划分标准对样本进行分类，即将家庭人均年收入低于 33 333.33 元的划入低收入群体，介于 33 333.33 元至 166 666.67 元的划入中等收入群体（2018 年价格）。由于微观数据中常存在高收入群体样本缺失的情况，而本书所用的微观数据在删除不适用样本且经过倾向得分匹配后，被划入高收入群体的家庭样本数量较少，因此，本书仅探讨碳排放权交易试点政策对低收入群体和中等收入群体家庭收入的影响情况，模型仍采用式（5 - 1）和式（5 - 3），所用变量与前文一致，回归结果见表 5 - 15。

表 5 - 15　　　　碳规制对家庭收入的不同收入群体异质性回归结果

群体	低收入群体	中等收入群体	低收入群体	中等收入群体
变量	工资收入	工资收入	经营收入	经营收入
DID	- 0.0426 *** (0.0127)	- 0.0383 (0.0253)	0.0545 *** (0.0087)	0.0028 (0.0073)
控制变量	控制	控制	控制	控制
个体固定	控制	控制	控制	控制
时间固定	控制	控制	控制	控制
常数项	0.3902 *** (0.0296)	0.6124 *** (0.0704)	0.3368 *** (0.0222)	0.0699 *** (0.0255)
观测值	23 068	3 100	23 068	3 100
群体	低收入群体	中等收入群体	低收入群体	中等收入群体
变量	财产收入	财产收入	政府补助	政府补助
DID	- 0.0047 (0.0054)	0.0191 * (0.0109)	0.0099 (0.0138)	0.0001 (0.0322)
控制变量	控制	控制	控制	控制
个体固定	控制	控制	控制	控制
时间固定	控制	控制	控制	控制
常数项	0.0277 (0.0173)	0.0571 * (0.0300)	0.1190 *** (0.0446)	0.2831 *** (0.0811)
观测值	5 935	1 380	5 452	1 231

续表

群体	低收入群体	中等收入群体	低收入群体	中等收入群体
变量	其他收入	其他收入	家庭总收入	家庭总收入
DID	−0.0041 (0.0059)	0.0137 (0.0114)	0.1260 * (0.0712)	0.0761 * (0.0395)
控制变量	控制	控制	控制	控制
个体固定	控制	控制	控制	控制
时间固定	控制	控制	控制	控制
常数项	0.1295 *** (0.0137)	0.0686 ** (0.0310)	8.6467 *** (0.2137)	10.7816 *** (0.1196)
观测值	23 068	3 100	10 736	2 204

注：*、**、*** 分别表示回归系数在 10%、5%、1% 的置信水平下显著，各模型均采用稳健标准误。

资料来源：笔者利用 stata17.0 软件处理得到。

从工资收入来看，碳排放权交易试点政策对低收入群体的工资收入占比具有显著的负向影响，虽然也会降低中等收入群体的工资占比，但是统计上不显著。从经营收入来看，碳排放权交易试点政策可以提升低收入群体和中等收入群体的家庭经营收入占比，对低收入群体的影响更显著。对于财产收入而言，碳排放权交易试点政策对低收入群体的影响为负，而对高收入群体的影响显著为正。对于政府补助和其他收入，碳排放权交易试点政策对低收入群体和中等收入群体均不存在显著影响。对于家庭总收入，碳排放权交易试点政策可以显著提高低收入群体和中等收入群体的家庭总收入水平，且对低收入群体的影响程度相对更大。

对上述回归结果可能的解释是，在实施碳排放权交易试点政策后，企业为了缓解碳规制引起成本上涨的压力，不仅会降低工资福利水平，也会调整劳动需求结构，使部分劳动力面临就业摩擦。对于低收入群体，劳动技能水平相对较低，使其在向低碳转型的过程中更容易遭受失业的风险，且相对于中等收入群体，低收入群体再就业难度相对更大，再就业后的工资水平相对偏低，因此碳规制对低收入群体工资收入的不利影响更显著。对于经营收入，低收入群体以农业经营收入为主，由于碳排放权交易政策的实施改善了生态环境，对低收入群体的家庭经营收入有良好的提升作用，也因此带动了低收入群体家庭总收入水平的增长。对于中等收入群体，碳排放权交易试点政策对经营收入有正向影响但不显著，可能的原因在于，能够达到碳排放量门槛并直接参与碳排放权交易的企业在中等收入群体中较少，因此对提升经营收入的作用不大。此外，碳排放权交易试点政策显著提高了中等收入群体家庭财产收入占比，可能是因为许多家庭持有控排企业的股票等，在碳排放权交易政策的影响下许多企业的企业价值上涨为家庭带来了投资收益从而增加了财产收入，由于经营收入、财产收入等上涨，使中等收入群体的家庭总收入水平显著提升。

（二）就业行业异质性分析

我国的碳排放权交易政策主要面向二氧化碳排放量相对较高的行业进行管制，因此，高碳企业的经营情况以及劳动需求可能会受到更多的影响，那么在这些高碳行业就业的劳动者的收入也可能随之有所改变。如果家庭成员中有在高碳行业就业的成员，那么碳规制对这些家庭的收入的影响可能会与没有家庭成员在高碳行业就业的家庭不同，对此，本书将以"家庭成员中是否有在高碳行业就业"作为家庭的就业行业特征，探讨不同就业行业特征是否导致碳排放权交易试点政策对家庭收入产生异质效应。

对于家庭成员所在行业是否为高碳行业的判定标准，本书将对所有行业的二氧化碳排放密度进行测度，借鉴赵细康（2003）、刘传江和赵晓梦（2017）的方法，利用行业的碳排放规模和碳排放强度构造该行业的碳排放密度指数，其中，第 i 行业的碳排放规模为该行业二氧化碳排放量占所有行业二氧化碳排放量总和的比重，即 $scale_i = C_i / \sum_1^n C_i$，其中，$n$ 为行业的个数；第 i 行业的碳排放强度为该行业二氧化碳排放量与该行业经济产出的比重，即 $strength_i = C_i / Y_i$，各行业经济产出从各省的投入产出表中获取，经过标准化处理后的碳排放规模（$scale'_i$）与碳排放强度（$strength'_i$）可构建碳排放密度指数，即 $density_i = \sqrt{scale'_i \times strength'_i}$，碳排放密度指数越大表明该行业的碳排放密度越高。

本书在计算碳排放密度时所采用的数据来自各省的投入产出表和中国碳核算数据库（CEADs）中提供的各行业碳排放量。需特别说明的是，CFPS 数据库中家庭成员就业所在行业的分类与 CEADs 数据库中碳排放量的行业统计稍有不同，因此，本书根据行业分类标准，将部分行业整合，将所有行业分为 8 类，分别是农林牧渔业、采矿业、制造业、电力燃气及水的生产和供应业、建筑业、批发零售和餐饮服务业、交通运输仓储和邮政业、其他行业。此外，由于行业经济产出来自各省 2012 年、2015 年和 2017 年的投入产出表，本书计算各年份的碳排放密度指数后，以各行业三年碳排放密度指数的均值作为行业标准来判别是否为高碳行业。高于均值则视为高碳密度行业，低于均值则视为低碳密度行业。经计算，制造业、电力燃气及水的生产和供应业为高碳密度行业，其余行业为低碳密度行业。本书根据家庭中是否有成员在高碳密度行业就业对全样本进行分组，进而探讨碳排放权交易试点政策对家庭收入的影响是否在家庭就业行业特征方面具有异质性。

利用倾向得分匹配结合双重差分模型的方法，根据式（5 - 1）和式（5 - 3），采用与前文一致的变量，家庭就业行业异质性的回归结果见表 5 - 16。从工资收入来看，无论家庭是否有成员在高碳密度行业就业，碳排放权交易试点政策均会对工资收入产生显著的负向影响。从回归系数的大小来看，对在高碳密度行业就业的家庭而言，碳排放权交易试点政策对工资收入的不利影响更大。从经营收入来看，无论家庭是否有成员在高碳密度行业工作，碳排放权交易试点政策对经营收入均有显著的正向影响。对于财产收入、政府补助和其他收入而言，碳排放权交易试点政策对三项收入均不存在显著的影响。对于家庭总收入而言，碳排放权交易试点政策对两类家庭的家庭总收入均具有提升作用，而对不在高碳密度行业就业的家庭，正向影响更为显著。

表 5 - 16　　碳规制对家庭收入的就业行业异质性回归结果

行业	无高碳行业就业	有高碳行业就业	无高碳行业就业	有高碳行业就业
变量	工资收入	工资收入	经营收入	经营收入
DID	- 0. 0390 *** (0. 0122)	- 0. 0636 *** (0. 0192)	0. 0706 *** (0. 0089)	0. 0409 *** (0. 0074)
控制变量	控制	控制	控制	控制
个体固定	控制	控制	控制	控制
时间固定	控制	控制	控制	控制
常数项	0. 3477 *** (0. 0315)	0. 7942 *** (0. 0481)	0. 3472 *** (0. 0250)	0. 1580 *** (0. 0295)
观测值	20 069	6 151	20 069	6 151
行业	无高碳行业就业	有高碳行业就业	无高碳行业就业	有高碳行业就业
变量	财产收入	财产收入	政府补助	政府补助
DID	- 0. 0061 (0. 0061)	0. 0106 (0. 0082)	- 0. 0013 (0. 0154)	0. 0078 (0. 0166)

续表

行业	无高碳行业就业	有高碳行业就业	无高碳行业就业	有高碳行业就业
变量	财产收入	财产收入	政府补助	政府补助
控制变量	控制	控制	控制	控制
个体固定	控制	控制	控制	控制
时间固定	控制	控制	控制	控制
常数项	0.0270 (0.0182)	0.0721 ** (0.0303)	0.1945 *** (0.0531)	− 0.0715 (0.0472)
观测值	5 279	2 061	4 797	1 906
行业	无高碳行业就业	有高碳行业就业	无高碳行业就业	有高碳行业就业
变量	其他收入	其他收入	家庭总收入	家庭总收入
DID	− 0.0088 (0.0062)	0.0068 (0.0063)	0.2119 *** (0.0763)	0.0747 (0.0792)
控制变量	控制	控制	控制	控制
个体固定	控制	控制	控制	控制
时间固定	控制	控制	控制	控制
常数项	0.1334 *** (0.0154)	0.0617 *** (0.0194)	8.8529 *** (0.2461)	9.8225 *** (0.2417)
观测值	20 069	6 151	9 441	3 544

注：* 、** 、*** 分别表示回归系数在10% 、5% 、1% 的置信水平下显著，各模型均采用稳健标准误。

资料来源：笔者利用 stata17.0 软件处理得到。

对于上述结果可能的解释为，碳排放权交易试点政策影响了高碳密度行业后，高碳密度行业劳动力需求调整，以及碳规制成本挤压工资福利，导致在高碳密度行业就业的家庭的工资收入有明显下降。碳规制引发劳动力从高碳行业向低碳行业转移，导致低碳密度行业的工资也会受到碳排放权交易试点政策和高碳密度行业劳动力需求调整的影响，致使在低碳密度行业就业的家庭工资收入减少。此外，低碳密度行业在低碳技术创新方面可能更具优势，导致低碳密度行业受到政府财力支持和相关政策倾斜更多而改善了经营状况，高碳密度行业虽然被碳规制的相关政策规制，但免费发放的碳排放权配额等措施也是为了缓解行业的碳规制压力，而低碳技术创新也有助于企业增加经营利润，因此，碳排放权交易试点政策对在高碳密度行业的家庭经营收入有显著的提升作用，但低于在低碳密度行业就业的家庭。相对于低碳密度行业就业的家庭而言，由于在高碳密度行业就业的家庭工资收入降幅更大，而经营收入增长幅度相对更小。因此，家庭总收入水平尽管有一定程度的增加，但不如在低碳行业就业家庭的上涨幅度大。

第四节　本章小结

　　本章主要研究碳规制对家庭经济福利的收入端效应。首先，分析了碳规制对家庭的各项收入来源的影响，包括以工资收入、经营收入和财产收入为代表的要素收入、政府给予家庭的补助收入以及家庭的其他收入；其次，探究了碳规制是否具有提升家庭总收入水平的增收效应；最后，从不同视角分析碳规制对家庭各项收入及总收入的异质性影响。

　　碳规制对家庭各项收入影响的研究中，本书以碳排放权交易试点政策为例分析碳规制的影响效应，采用倾向得分匹配方法结合双重差分模型，在平行趋势的支撑下探讨了碳规制对家庭工资收入、经营收入、财产收入、政府补助和家庭其他收入的净效应。研究发现，碳排放权交易试点政策对家庭工资收入有显著的负向影响，对家庭经营收入有显著的正向影响，对财产收入、政府补助和其他收入均不存在显著影响，这一结论较为稳健。此外，随着时间的推移，碳排放权交易试点政策对家庭工资收入的负向影响和对家庭经营收入的积极影响的程度在不断加深。这表明碳规制导致工资价格降低，而我国的碳规制政策有助于企业创新并增加经营利润，碳规制的环境改善效应也增加了农业经营收入，因此提高了家庭的经营收入。在本书的理论模型中，碳规制对劳动要素价格和资本要素价格的影响方向相反，本章的实证结果印证了这一推导结果，也表明碳规制可以通过改变劳动和资本的要素价格对家庭的要素收入产生影响。

　　本章第二节分析了碳规制对家庭总收入的影响，由于碳排放权交易试点政策对各项收入来源的影响方向与程度不同，需进一步探究其是否能够提升家庭总收入水平，这对促进家庭收入增长、提升居民经济福利具有重要意义。采用倾向得分匹配结合双重差分模型的研究结果显示，碳排放权交易试点政策对家庭总收入具有显著的提升作用，且这一研究结论经过多种方法检验后依然具有较强的稳健性。随着时间的推移，提升家庭总收入的作用呈现逐年增强的态势，表明碳规制对家庭总收入的正向影响具有长期性和稳定性。结合理论模型可知，碳规制对家庭收入的影响具有不确定性，主要原因在于碳规制对劳动和资本要素影响的相对大小未知，通过本章的实证检验可知，碳排放权交易试点政策对家庭工资收入与家庭经营收入的影响方向不同，但是由于碳排放交易试点政策对家庭经营收入的提升作用更强，抵消了对工资收入的不利影响，最终对家庭总收入水平起到显著的正向影响，这也表明碳规制对家庭经济福利的收入端影响是有益的。

因地域、城乡、家庭特征等因素，家庭之间存在较大的差异，因此本章在第三节探讨了碳规制对家庭收入影响的群体间异质效应。从区域异质性来看，碳排放权交易试点政策对东部地区的影响较为显著，对工资收入具有显著的负向影响，对于经营收入有显著的提升作用，无论家庭处于哪个区域，碳排放权交易试点政策均可以提升家庭总收入，但对东部地区的影响程度更显著。

就南北方的差异而言，碳排放权交易试点政策会显著降低南方家庭的工资收入，但在一定程度上可以提高北方家庭的工资收入。此外，无论对于南方还是北方，碳排放权交易试点政策均可显著提升家庭经营收入。虽然碳排放权交易试点政策对南方及北方的家庭总收入的影响不显著，但回归系数显示该政策对南方家庭总收入的提升作用更大，主要得益于碳排放权交易试点政策对南方家庭的经营收入有相对较大的正向影响。

从城乡差异来看，碳排放权交易试点政策会降低城镇家庭的工资收入，提升城镇家庭的经营收入；对农村家庭而言，碳规制能够显著提升家庭经营收入，也能在一定程度上对家庭工资收入产生积极影响。从总收入水平来看，碳排放权交易试点政策可以显著提升城乡家庭总收入，对农村家庭总收入的提升作用相对更大。

从收入群体间差异来看，碳排放权交易试点政策对低收入群体家庭工资收入的负向影响和对经营收入的积极影响更为显著，但是对中等收入群体的影响相对较小且不显著，这也导致虽然对两类群体的家庭总收入均具有显著的提升作用，但是对低收入群体家庭总收入的增收作用相对更高。

从家庭就业行业特征来看，无论是否有家庭成员在高碳密度行业就业，碳排放权交易试点政策对两类家庭的工资收入均有显著的负向影响，对经营收入有显著的正向影响，但是系数表明，家庭中有成员在高碳密度行业就业时，家庭工资收入降幅更大，且经营收入增长幅度相对更小。从对家庭总收入的影响情况来看，虽然碳规制对两类家庭的总收入均有提升作用，但是对没有在高碳密度行业就业的家庭来说，增收效应更显著。表明碳排放权交易试点政策尽管能够提升家庭的收入水平，但是对于在高碳密度行业就业的家庭及个人而言，碳规制对工资收入的冲击更大，对经营收入的提升作用相对更小，因而对家庭总收入的影响相对较弱，这也体现了在向绿色低碳转型的过程中，高碳密度行业承担了相对更多的改革成本。

第六章 碳规制对家庭经济福利的
消费端影响研究

在消费端渠道，碳规制对家庭经济福利的影响主要是通过产品的价格机制发挥作用。与没有碳规制时的情况相比，二氧化碳排放量相对较高的企业在受到碳规制影响后，碳排放的行为因受到限制而增加了生产成本，这种成本增加可以视为一种碳价，该碳价不仅包含在企业面临管制时，降低生产过程中产生二氧化碳的降碳成本，也包含企业在管制后排放二氧化碳的排放成本，如果按照庇古税的理论，碳价可等同于碳税。而被管制的企业会将增加的碳规制成本进行转嫁，一方面，被管制的企业所生产的产品价格可能会上升，当家庭直接消费相关产品时，碳规制的成本将会直接转嫁给消费者；另一方面，在完全转嫁的假设下，被管制企业所生产的产品如果作为中间产品被其他非管制企业消费，那么碳规制的成本会转嫁给非管制企业，并通过价格的传导机制，使非管制企业产品价格中含有部分碳规制成本，如果家庭消费了相关产品，则管制成本将会通过企业间的关联关系间接转嫁给消费者。因此，尽管二氧化碳排放量相对较高的企业是被政府管制的主要对象，但碳规制所产生的成本最终将由消费者承担。

为了量化碳规制对家庭经济福利的消费端影响，本章将借助投入产出模型和二次近乎完美需求系统模型进行实证分析。具体的分析思路见图 6-1，图的最上端为所要研究的问题，中间是采用的方法，下方是各部分之间的关系。

首先，本章利用投入产出模型，计算因实施碳规制导致的各类消费品价格的变化。在"双碳"目标下，我国所实施的碳规制是以碳排放权交易制度为代表的碳规制政策，主要针对二氧化碳等温室气体的排放总量进行管制，国家依据二氧化碳减排目标设定一段时间内可交易的碳排放配额总量，以免费发放配额的方式向受管制的部门和企业分配二氧化碳排放量，并允许企业在碳排放市场中交易碳排放量。在二氧化碳排放总量既定的条件下，二氧化碳排放需求量相对供给量偏多将诱使二氧化碳排放价格上升，这一价格可视为在"双碳"目标下我国针对排放二氧化碳所施加的碳规制成本。对受管制的企业而言，碳规制成本包括使用碳排放配额的机会成本和购买碳排放配额的成本，因生产过程中碳规制成本增加导致生产总成本上涨，故碳规制成本将导致受管制企业所生产的产品价格上涨。在生产链中，二氧化碳排放量相对较高的企业通常是上游企业，由于上游企业产品价格上涨将影响下游企业产品的价格，最终二氧化碳规制成本将通过价格传导机制分散在各部门的最终产品中。这一过程可以借助投入产出模型进行分析，根据我国碳排放交易市场中的碳排放价格，结合各行业碳排放量和我国的投入产出表，便可以计算出由碳规制引起的最终产品价格变动率。

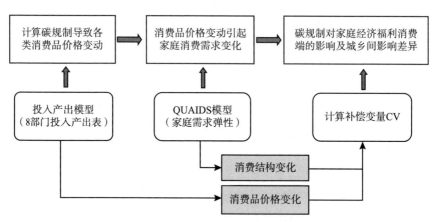

图 6-1　碳规制对家庭经济福利消费端影响的分析框架

其次，利用二次近乎完美的需求系统模型估计因消费品价格变动而导致家庭消费量和消费结构变化的情况。消费品价格受到碳规制的影响发生变化后，在家庭总预算水平不变的情况下，是无法购买到价格变化之前的消费量和商品结构的，因此家庭需要调整各类消费的预算份额以在总预算约束下实现效用最大化，然而各类商品预算份额随着消费品价格的变动是增加还是减少，依赖于每个家庭对各类消费品的需求弹性的大小，可以借助 QUAIDS 模型估计需求弹性。鉴于此，本章将依据微观家庭的消费支出数据，将消费分为 8 类，分别是食品支出、衣着支出、家庭设备及日用品支出、居住支出、交通通信支出、文教娱乐支出、医疗保健支出和其他支出，并依据各类商品的实际预算份额和各类消费品的平均价格指数，估计 8 类消费的需求弹性。

最后，将我国的投入产出表整合为 8 个部门的新投入产出表，在计算 8 类消费品价格变化程度和新的价格水平后，结合微观数据所估计的 8 类消费品的需求弹性，计算在碳规制影响下，家庭各类消费品的新的预算份额，并进一步估计家庭经济福利的变化水平。由此便可分析因碳规制导致的家庭经济福利消费端变动在不同群体中的分布情况，从而分析碳规制对家庭经济福利的消费端影响对哪些家庭的影响程度更深。

第一节　碳规制对消费品价格的影响

一、投入产出模型

我国的碳规制主要是对二氧化碳的排放量进行管控，因此，假设存在一个碳价，是企业排放每单位二氧化碳需额外付出的生产成本。假设每个部门仅生产一种产品，生产产品所产生的碳排放量为：

$$e = diag(E)(I - A)^{-1}f \qquad (6-1)$$

其中，e 表示二氧化碳排放总量，$diag(E_i)$ 表示二氧化碳排放强度的对角矩阵：

$$diag(E) = \begin{bmatrix} E_1 & 0 & \cdots & 0 \\ 0 & E_2 & \cdots & 0 \\ \vdots & \vdots & \ddots & \vdots \\ 0 & 0 & \cdots & E_n \end{bmatrix} \qquad (6-2)$$

E_i 表示第 i 个部门的碳排放强度，$(I-A)^{-1}$ 为里昂惕夫逆矩阵。假设 $L = diag(E_i)(I-A)^{-1}$，表示每单位产出的二氧化碳排放量，其中的元素 L_i 表示商品 i 的碳排放总量。

如果每单位二氧化碳排放的碳规制成本（碳价）为 τ，则商品 i 价格的变动率为：

$$t_i = \tau \cdot L_i \qquad (6-3)$$

如果碳规制前商品 i 的价格为 p_i^0，则碳规制实施后商品价格为：

$$p_i^1 = (1 + t_i)p_i^0 \qquad (6-4)$$

由于不同商品生产过程中二氧化碳排放量不同，因此，尽管对二氧化碳排放的管制价格是一致的，但最终各商品价格的变化却不尽相同。

二、数据来源与说明

本书所使用的投入产出表是由国家统计局公布的 2018 年全国 153 个部门的投入产出表，由于 153 个部门难以与家庭消费数据一一对应，因此，本书参照聂海峰和刘怡（2009）提出的投入产出表与家庭消费之间的对应关系，将153 个部门的投入产出表整合为 8 个部门的投入产出表，这 8 个部门分别是食品、衣着、家庭设备及日用品、交通通信、文教娱乐、居住、医疗保健和其他。本书所用各部门二氧化碳排放数据是 2018 年全国 45 部门的二氧化碳排放数据，该数据来自中国碳核算数据库公布的中国分部门核算碳排放清单（2018）。为与 8 个部门投入产出表相匹配，本书将 45 部门的二氧化碳排放数据重新整合为 8 个部门的碳排放数据。根据式（6 - 4）计算碳规制导致的价格变动情况还需要 8 个部门的产品在实施碳规制之前的价格，但因无法获取与这 8 个部门相对应的实际产品价格，故本书借鉴已有研究经验（Moshiri S and Aliyev K，2017；唐琦等，2018），利用国家统计局公布的居民消费品价格指数作为 8 个部门所生产商品价格的代理价格。

为计算 8 个部门商品价格受碳规制政策影响的变动情况，需要设定企业排放单位二氧化碳的价格，根据我国在"双碳"目标下实施的二氧化碳规制政策，主要以市场型的碳排放权交易政策为核心，因此，根据 2013 ~ 2021 年我国碳排放权交易政策启动以来历年碳排放权交易的平均价格（19. 54 ~ 59. 77 元/吨二氧化碳），本书在基准分析时假设碳排放价格为 40 元/吨二氧化碳，在敏感性分析时将碳排放价格设定为 20 元/吨和 60 元/吨。利用投入产出表中各部门的总产出及产品价格，可以计算各部门的产量，结合各部门的碳排放总量，便可得到每个部门产品单位产出的碳排放量，将其与碳排放价格相乘，便可知由碳规制引起单位产品成本上涨的额度，从而可知每个部门产品的价格变动 Δp_i 和新的价格水平 p_i^1。

三、实证结果分析

为计算碳规制引起各部门产品价格变化的情况，在基准分析中，本书依据碳排放权交易价格的年度平均数据，将碳排放价格设置为 $\tau = 40$ 元/吨二氧化碳，并根据式（6 - 3）计算各部门产品价格的变动程度。基于 2018 年 8 个部门的投入产出表、碳排放量及产品的消费价格指数，各部门产品价格的变动如表 6 - 1 所示。

表 6 – 1 　　　　　　　　　　　8 个部门的产品价格变动情况

部门		$t_i(\%)$
Food	食品	0.023
Dress	衣着	0.008
Daily	家庭设备及日用品	0.183
Trco	交通通信	0.106
Eec	文教娱乐	0.005
House	居住	0.383
Med	医疗保健	0.005
Other	其他	0.021

注：价格变动数据为手动计算的结果。

　　根据表 6 – 1 的结果，当碳排放价格为 40 元/吨二氧化碳时，8 类消费品的价格较原价格水平有所提升，价格的变化程度存在较大的差异。其中，碳规制对居住类消费品的价格影响最大，在实施了碳规制后，居住类消费品价格相较原价格水平提升了 0.383%；碳规制对家庭设备与日用品类消费品价格的影响次之，实施碳规制后，家庭设备及日用品类消费品价格上涨 0.183%，而衣着类、医疗保健类、文教娱乐类商品的价格变动相对较小，上涨幅度均不足 0.01%。各类消费品价格变化程度差异较大的主要原因在于，居住类和家庭设备与日用品类的消费品在生产环节所需中间产品以化石能源消费居多，因此，此类部门的碳排放强度更高，导致碳排放总量相对其他部门更大，而衣着类、文教娱乐类、医疗保健类消费品在生产过程中对高排放高污染的中间产品需求较少，因此受碳规制的影响程度相对较小。

第二节　消费品价格变化对家庭消费需求的影响

一、QUAIDS 模型

　　本章运用 QUAIDS 模型（Banks J et al.，1997）估计家庭各类消费的需求弹性，以分析碳规制对家庭经济福利的消费端影响。假设间接效用函数为：

$$\ln U = \left\{ \left[\frac{\ln x - \ln a(p)}{b(p)} \right]^{-1} + \lambda(p) \right\}^{-1} \qquad (6-5)$$

其中，x 表示家庭总支出。$\ln a(p)$ 是超越对数函数：

$$\ln a(p) = \alpha_0 + \sum_{i=1}^{n} \alpha_i \ln p_i - \frac{1}{2} \sum_{i=1}^{n} \sum_{j=1}^{n} \gamma_{ij} \ln p_i \ln p_j \qquad (6-6)$$

$b(p)$ 是柯布道格拉斯价格聚合器（Cobb-Douglas Price Aggregator）：

$$b(p) = \prod_{i=1}^{n} p_i^{\beta_i} \qquad (6-7)$$

$\lambda(p)$ 是可微的，零次齐次对数价格函数：

$$\lambda(p) = \sum_{i=1}^{n} \lambda_i \ln p_i \qquad (6-8)$$

将罗伊等式（Roy's Identity）应用于间接效用函数，就可以得到各类消费的支出份额方程：

$$w_i = \alpha_i + \sum_{j=1}^{n} \gamma_{ij} \ln p_j + \beta_i \ln \left[\frac{x}{a(p)} \right] + \frac{\lambda_i}{b(p)} \left\{ \ln \left[\frac{x}{a(p)} \right] \right\}^2 + \varepsilon_i \qquad (6-9)$$

其中，n 表示家庭共消费 n 类商品，α_i、γ_{ij}、β_i 和 λ_i 是待估参数，ε_i 表示家庭特征导致的不可观测的影响。

此外，为了减少待估参数的数量和确保每个家庭能够实现效用最大化，对 QUAIDS 模型施加了三个条件，分别是可加性、齐次性和对称性。可加性意味着预算份额加总等于 1，即 $\sum_{i=1}^{n} \alpha_i = 1$；$\sum_{i=1}^{n} \gamma_{ij} = 0$；$\sum_{i=1}^{n} \beta_i = 0$；$\sum_{i=1}^{n} \lambda_i = 0$。齐次性意味着价格和总支出是零次齐次的，即 $\sum_{j=1}^{n} \gamma_{ij} = 0$。对称性意味着商品之间的替代效应满足斯勒茨基（Slutsky）的对称性，即 $\gamma_{ij} = \gamma_{ji}$。

利用 QUAIDS 模型估计上述参数便可计算需求弹性，从而展现家庭需求对价格变动的反应。式（6-9）对 $\ln x$ 和 $\ln p_j$ 求偏导有：

$$\mu_i = \frac{\partial w_i}{\partial \ln x} = \beta_i + \frac{2\lambda_i}{b(p)} \left\{ \ln \left[\frac{x}{a(p)} \right] \right\} \qquad (6-10)$$

$$\mu_{ij} = \frac{\partial w_i}{\partial \ln p_j} = \gamma_{ij} - \mu_i \left(\alpha_j + \sum_{k}^{n} \gamma_{jk} \ln p_k \right) - \frac{\lambda_i \beta_j}{b(p)} \left\{ \ln \left[\frac{x}{a(p)} \right] \right\}^2 \qquad (6-11)$$

根据式（6-10）和式（6-11）便可计算家庭的需求弹性，其中，预算弹性 e_i 为：

$$e_i = \frac{\mu_i}{w_i} + 1 \qquad (6-12)$$

非补偿价格弹性为：

$$e_{ij}^u = \frac{\mu_{ij}}{w_i} - \delta_{ij} \qquad (6-13)$$

其中，δ_{ij} 为克罗内克函数（Kronecker Delta），当 $i = j$ 时，$\delta_{ij} = 1$；当 $i \neq j$ 时，$\delta_{ij} = 0$。

补偿价格弹性通过斯勒茨基方程导出，该弹性主要用于分析当商品价格发生变化时，对其他商品需求的替代效应影响。

$$e_{ij}^c = e_{ij}^u + e_i w_j \qquad (6-14)$$

二、数据来源与变量说明

为了估计家庭消费份额如何因碳规制政策的影响随着各类产品价格变化而变化，依据 QUAIDS 模型中式（6-9）的变量需求和家庭追踪调查数据库中提供的相关数据，本书将家庭层面的消费数据同样分为 8 类，分别是家庭食品类消费、衣着类消费、家庭设备及日用品类消费、交通通信类消费、文教娱乐类消费、居住类消费、医疗保健类消费和其他类消费，以确保能够与 8 个部门的投入产出表以及 8 个部门的碳排放数据一一对应，将这 8 类消费支出加总便可得到家庭总消费。

在式（6-9）中，为了控制 ε_i 对家庭各类产品消费份额的影响，以及缓解遗漏变量等内生性问题，本书加入了家庭层面的控制变量，分别是户主年龄、户主性别（男性 =1）、户主婚姻状况（有配偶 =1）、户主最高学历、户主健康状况（健康 =1）、家庭规模和家庭所在地是否为城市（城市 =1）。其中，户主的最高学历分为 4 类，分别是小学及以下、初中、高中、大专及以上。需特别说明的是，由于缺少 2018 年各省份的投入产出表，因此，利用 2018 年全国投入产出表、2018 年各部门的碳排放量和全国 8 个部门的居民消费品价格指数计算各类消费品价格因碳规制导致的上涨幅度（t_i）。而对于每个家庭，则采用各省份 2018 年居民消费品价格指数作为原价格水平（p_i^0），并通过式（6-4）计算各类消费品新的价格水平。相关变量的描述性统计见表 6-2。

表 6-2　　　　　　　　　　　　描述性统计

变量		样本数	均值	标准差	最小值	最大值
家庭支出						
食品	Food	11 765	19 556.39	17 809.35	0	288 000
衣着	Dress	11 765	3 085.25	5 003.89	0	120 000
家庭设备及日用品	Daily	11 765	9 165.39	32 762.35	0	1 533 600

续表

变量		样本数	均值	标准差	最小值	最大值
家庭支出						
交通通信	$Trco$	11 765	5 320. 44	6 595. 56	0	122 400
文教娱乐	Eec	11 765	6 546. 44	12 937. 37	0	256 000
居住	$House$	11 765	10 182. 12	31 579. 62	0	531 160
医疗保健	Med	11 765	6 082. 82	15 682. 99	0	389 000
其他	$Other$	11 765	1 210. 22	4 697. 59	0	170 050
家庭总支出	$Totalexp$	11 765	61 149. 06	70 330. 87	25	1 820 360
支出份额						
食品	W_Food	11 765	0. 38	0. 19	0	1. 00
衣着	W_Dress	11 765	0. 06	0. 05	0	0. 64
家庭设备及日用品	W_Daily	11 765	0. 10	0. 13	0	0. 93
交通通信	W_Trco	11 765	0. 10	0. 08	0	0. 78
文教娱乐	W_Eec	11 765	0. 10	0. 14	0	0. 90
居住	W_House	11 765	0. 14	0. 15	0	1. 00
医疗保健	W_Med	11 765	0. 11	0. 16	0	1. 00
其他	W_Other	11 765	0. 02	0. 04	0	1. 00
价格的对数						
食品	P_Food	11 765	4. 62	0. 01	4. 61	4. 64
衣着	P_Dress	11 765	4. 62	0. 01	4. 59	4. 65
家庭设备及日用品	P_Daily	11 765	4. 62	0. 01	4. 61	4. 64
交通通信	P_Trco	11 765	4. 62	0. 01	4. 61	4. 64
文教娱乐	P_Eec	11 765	4. 63	0. 01	4. 61	4. 65
居住	P_House	11 765	4. 63	0. 01	4. 58	4. 65
医疗保健	P_Med	11 765	4. 62	0. 01	4. 60	4. 63
其他	P_Other	11 765	4. 62	0. 01	4. 60	4. 63
控制变量						
户主性别	$Gender$	11 765	0. 53	0. 50	0	1
户主年龄	Age	11 765	50. 07	14. 89	16	93
户主婚姻状况	$Marriage$	11 765	0. 83	0. 38	0	1

续表

变量		样本数	均值	标准差	最小值	最大值
控制变量						
户主最高学历	*Edu*	11 765	1.96	1.03	1	4
户主健康水平	*Health*	11 765	0.82	0.38	0	1
家庭规模	*Familysize*	11 765	3.55	1.88	1	21
城乡	*Urban*	11 765	0.51	0.50	0	1

三、实证结果分析

在消费端的视角下，8 类商品受到碳规制政策的影响而发生价格变化后，家庭经济福利会受到影响，主要体现为在家庭总体预算收入不变的前提下，8 类消费品的消费预算支出占总预算的份额发生变化。为估计在新的价格水平下家庭各类消费品新的预算份额，本书将借助 QUAIDS 模型估计每个家庭各类消费品计算预算份额时所需的参数，主要采用可行广义非线性最小二乘法（Feasible Generalized Nonlinear Least – Squares）进行估计，在得到式（6 – 9）中各参数的估计结果后，便可利用各参数的估计结果进一步计算家庭的预算弹性（式 6 – 12）、非补偿价格弹性（式 6 – 13）和补偿价格弹性（式 6 – 14）。各弹性的计算结果见表 6 – 3。

表 6 – 3　　　　　　　　　　　需求弹性的估计结果

需求弹性	食品	衣着	家庭设备及日用品	交通通信	文教娱乐	居住	医疗保健	其他
预算弹性	0.846 (0.006)	0.807 (0.012)	1.401 (0.022)	0.795 (0.010)	1.122 (0.016)	1.161 (0.020)	1.105 (0.019)	1.081 (0.049)
补偿价格弹性								
食品	5.989 (0.720)	0.042 (0.209)	– 1.370 (0.477)	0.593 (0.279)	0.720 (0.414)	– 2.873 (0.372)	– 3.226 (0.486)	0.126 (0.175)
衣着	0.289 (1.432)	– 7.069 (1.301)	6.453 (1.865)	– 0.834 (0.986)	– 1.754 (1.178)	2.100 (1.162)	3.363 (1.715)	– 2.547 (1.016)
家庭设备及日用品	– 4.959 (1.725)	3.413 (0.986)	0.970 (2.506)	– 1.299 (1.022)	0.211 (1.442)	– 1.518 (1.216)	1.842 (1.815)	1.341 (0.967)

续表

需求弹性	食品	衣着	家庭设备及日用品	交通通信	文教娱乐	居住	医疗保健	其他
补偿价格弹性								
交通通信	2.251 (1.059)	−0.462 (0.546)	−1.363 (1.070)	0.886 (0.863)	−1.305 (0.905)	1.979 (0.715)	−3.247 (1.054)	1.260 (0.486)
文教娱乐	2.837 (1.634)	−1.014 (0.680)	0.236 (1.574)	−1.362 (0.944)	0.065 (1.850)	−0.268 (1.179)	0.226 (1.458)	−0.720 (0.497)
居住	−7.759 (1.006)	0.830 (0.459)	−1.137 (0.908)	1.413 (0.509)	−0.186 (0.806)	4.720 (1.020)	1.974 (0.882)	0.144 (0.333)
医疗保健	−10.804 (1.627)	1.645 (0.839)	1.706 (1.679)	−2.869 (0.931)	0.191 (1.235)	2.449 (1.093)	−0.468 (0.040)	8.150 (1.980)
其他	2.866 (3.972)	−8.439 (3.368)	8.398 (6.059)	7.539 (2.907)	−4.136 (2.853)	1.206 (2.799)	55.183 (13.41)	−62.618 (14.27)
非补偿价格弹性								
食品	5.670 (0.720)	−0.005 (0.209)	−1.458 (0.477)	0.509 (0.279)	0.639 (0.414)	−2.991 (0.372)	−3.321 (0.486)	0.112 (0.175)
衣着	−0.015 (1.433)	−7.114 (1.301)	6.369 (1.865)	−0.914 (0.986)	−1.831 (1.178)	1.987 (1.162)	3.272 (1.715)	−2.560 (1.016)
家庭设备及日用品	−5.487 (1.727)	3.336 (0.986)	0.824 (2.506)	−1.438 (1.022)	0.078 (1.442)	−1.714 (1.216)	1.684 (1.815)	1.318 (0.967)
交通通信	1.951 (1.059)	−0.506 (0.546)	−1.446 (1.070)	0.807 (0.863)	−1.380 (0.905)	1.868 (0.715)	−3.337 (1.054)	1.247 (0.486)
文教娱乐	2.414 (1.635)	−1.076 (0.680)	0.119 (1.574)	−1.473 (0.944)	−0.042 (1.850)	−0.424 (1.179)	0.100 (1.458)	−0.739 (0.497)
居住	−8.197 (1.007)	0.766 (0.459)	−1.258 (0.908)	1.298 (0.510)	−0.297 (0.806)	4.558 (1.019)	1.844 (0.882)	0.125 (0.334)
医疗保健	−11.221 (1.627)	1.585 (0.839)	1.591 (1.679)	−2.979 (0.931)	0.086 (1.235)	2.295 (1.093)	−0.592 (0.040)	8.131 (1.980)
其他	2.459 (3.977)	−8.498 (3.368)	8.286 (6.058)	7.432 (2.908)	−4.239 (2.852)	1.055 (2.798)	55.061 (13.41)	−62.636 (14.27)

注：括号内为稳健标准误。

资料来源：笔者利用 stata17.0 软件处理得到。

表 6 - 3 中预算弹性的结果显示，食品、衣着和交通通信的预算弹性小于 1，表明这 3 类商品是家庭生活的必需品，而其他 5 类商品的预算弹性均大于 1，表明这些商品可以被视为奢侈品。随着家庭总预算支出的增加，家庭对食品、衣着和交通通信的需求会增加，但占总预算的比重会下降，而家庭设备及日用品、文教娱乐、居住、医疗保健和其他商品占总预算的比重会上升，表明收入对这 5 类商品需求的影响具有决定性作用。

根据表 6 - 3 中补偿价格弹性和非补偿价格弹性的估计结果可知，对于自价格弹性，从弹性的符号来看，衣着、文教娱乐、医疗健康和其他商品的价格弹性为负，表明碳规制会导致减少对这 4 类商品的需求，而食品、家庭设备及日用品、交通通信和居住的价格弹性为正，表明对碳规制的实施将增加对这 4 类商品的需求。从价格弹性的绝对值来看，食品、衣着、住房和其他商品的价格弹性大于 1，表明其对价格的变动较为敏感；而家庭设备及日用品、交通通信、文教娱乐、医疗健康的价格弹性小于 1，表明碳规制政策对其需求的影响程度相对较小，其中，文教娱乐的弹性接近于 0，表明碳规制对其几乎没有影响。对于交叉价格弹性，符号大于零表示两类商品呈现替代关系，符号小于零表示两类商品呈现互补关系。例如，食品与家庭设备及日用品呈现互补关系，因碳规制导致食品价格上涨，会同时降低家庭对食品和家庭设备及日用品的需求；衣着与家庭设备及日用品呈现替代关系，碳规制导致衣着价格上涨，将会降低家庭对衣着的需求而增加对家庭设备及日用品的需求。

第三节　消费端家庭经济福利的变化及群体间差异分析

一、研究方法与数据说明

根据投入产出模型，可以得出受碳规制的影响后，每种商品价格的变化：

$$\frac{\Delta p_i}{p_i^0} = \frac{p_i^1 - p_i^0}{p_i^0} \qquad (6-15)$$

其中，Δp_i 是商品 i 价格变化的程度，p_i^0 和 p_i^1 分别表示碳规制前的商品价格和碳规制后的商品价格。假设受碳规制的影响后，碳规制引起的成本上涨通过价格完全转嫁给消费者，因此，将碳规制实施后的价格 p_i^1 代入式（6-6）和式（6-7）中，在假设家庭总预算支出不变的前提下，可以计算出在实施碳规制政策引起了商品 i 价格变动后，家庭消费商品 i 的预算占总支出的比重 w_i^1。

在给定碳规制实施之前的效用水平不变的前提下，让家庭支出最小化可以得到家庭的支出函数，对支出函数一阶泰勒展开（First-Order Taylor Expansion），便得到由价格变动导致商品 i 需求的变化所引起的家庭经济福利变化：

$$FO = \sum_{i=1}^{n} w_i^1 \left(\frac{\Delta p_i}{p_i^0} \right) \tag{6-16}$$

由于 FO 中并没有考虑到商品 i 价格发生变化所导致的与其他商品之间的替代效应，若对支出函数二阶泰勒展开（Second-Order Taylor Expansion），便既考虑了商品 i 的需求变化，又考虑了商品 i 与其他商品的替代效应（Feldstein M S，1972；Stern N，1987），其二阶近似可计算得到补偿变量（Compensating Variation，CV）。在碳规制政策实施导致商品价格上涨后，为保持效用水平与碳规制实施前的效用水平一致，需补偿给家庭的货币数量即为家庭经济福利变化的货币度量：

$$CV = FO + \frac{1}{2} \sum_{i=1}^{n} \sum_{j=1}^{n} w_i^1 e_{ij}^c \left(\frac{\Delta p_i}{p_i^0} \right) \left(\frac{\Delta p_i}{p_j^0} \right) \tag{6-17}$$

由于碳规制导致商品价格上涨，在新的价格水平下无法达到原效用水平，因此碳规制对家庭经济福利的消费端影响体现为福利损失。

二、实证结果分析

为了更直观地体现家庭经济福利的变化情况，本书按照家庭人均支出将所有家庭分为 10 个分位组，并将所有家庭受碳规制影响后家庭经济福利变化占家庭总支出的比重绘制在图 6-2 中。假设碳规制不改变家庭原来的总收入水平[1]，由于碳规制引起各类商品价格上涨，在预算收入约束下家庭无法达到碳规制政策实施之前的效用水平，因此碳规制导致的消费端家庭经济福利变化体现为福利损失。在图 6-2 上方图中，福利损失呈"J"型分布，处于最低分位家庭的福利损失占家庭总支出的比重接近 0.1%，而中间第二分位组到第七分位组家庭的福利损失占比相对较低，最低处约为 0.085%，最高分位家庭的福利损失占比相对最大，约为 0.13%。以第五分位组为界，家庭人均支出水平相对较低的家庭呈现出随着家庭人均支出水平的提高，因碳规制引起的家庭经济福利损失占比有所减小的趋势。而对于家庭人均支出水平相对较高的家庭而言，则呈现出随着家庭人均支出水平的提高，因碳规制引起的消费端家庭经济

---

[1]　本书假设家庭将所有收入用于消费，没有储蓄，因此家庭总收入等于总支出。

福利损失占比有所增大的趋势。

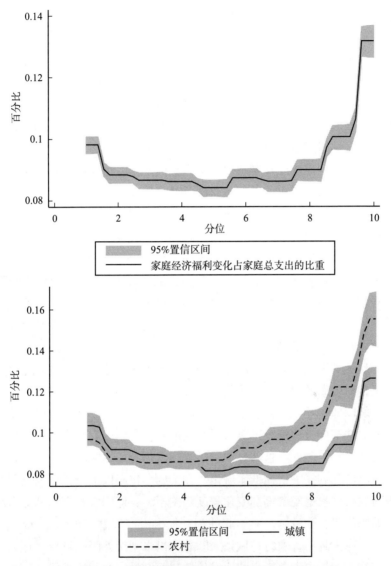

图 6 - 2　碳规制引起家庭经济福利的变化情况

资料来源：笔者利用 stata17.0 软件处理得到。

　　由于我国城乡二元特征显著，因碳规制导致家庭经济福利变化的情况也可能存在城乡差异，因此，本书将全部样本划分为城镇样本和农村样本，图 6 - 2 下方图显示了城镇地区和农村地区因碳规制引发家庭经济福利损失的差异情况。整体来看，无论是农村还是城镇，碳规制引起的福利损失在不同支出水平家庭中的分布趋势与全样本的情况相似，随着家庭人均支出水平提高，家庭经济福利损失占家庭总支出的比重呈先下降后迅速上升的态势。但农村与城镇在家庭经济福利损失的程度上存在差异，在家庭人均支出水平低于第四分位组时，农村家庭的福利损失程度低于城镇家庭，当家庭人均支出水平超过第四分位组后，农村家庭的福利损失程度高于城镇家庭，且随着家庭人均支出水平的提高，福利损失占家庭总支出的比重在城乡之间的差距越来越大，在最高分位处，农村家庭经济福利损失占比高于 0.15%，而城镇家庭经济福利损失占比不到 0.13%。

对于造成不同家庭间福利损失程度差异的原因，可能的解释是家庭间消费结构不同。虽然碳规制主要对二氧化碳排放量较高的行业进行管制，碳规制对受管制企业的生产成本有直接影响，但是碳规制引发的成本上涨会通过价格的转嫁机制间接影响消费者，使碳规制带来的规制成本最终归宿在家庭之中，各类消费品均暗含着碳规制的成本。而家庭人均支出水平较低时，总支出以生存型消费为主，根据表 6-2 的结果可知，食品、衣着等消费品因碳规制导致的价格上涨幅度相对较小，因此对家庭人均支出水平相对较低的家庭而言，其总体的福利损失程度也相对较低。而家庭人均支出水平较高时，除了生存型消费外，还包含较多的发展享受型消费，如住房、家庭设备及日用品、交通通信等消费品，且此类消费品因碳规制导致的价格上涨幅度相对较大，因此家庭人均支出水平相对较高的家庭其总体的福利损失程度也相对较高。

城乡之间的差异除了消费结构的不同外，还受到家庭消费习惯和总支出水平的影响。在第四分位组以下时，低收入的农村家庭中有许多食品、用品等可以实现自产自销，因此，这部分消费品受到碳规制的影响相对较小，导致最终碳规制引起的福利损失占比低于城镇。在第四分位组以上时，在碳规制的影响下城镇与农村的家庭经济福利变化程度相差不大，但因农村家庭总支出水平相对低于城镇家庭，导致碳规制引起的福利损失占家庭总支出的比重高于城镇，而随着分位越来越高，农村与城镇家庭总支出水平的差距也将越来越大，从而使城镇家庭福利损失占总支出的比重偏低，而农村家庭的比重偏高。

三、敏感性分析

本书在计算碳规制对家庭经济福利的消费端影响时所采用的碳排放价格主要借鉴我国碳排放交易政策的年均价格，根据图 6-3，2013 年全国碳排放交易的平均价格为 59.77 元/吨二氧化碳，随后平均交易价格逐年下降，在 2017 年平均交易价格为 19.54 元/吨二氧化碳，2018 年后平均交易价格上涨，截至 2021 年，全国碳排放交易价格为 46.38 元/吨二氧化碳。价格波动的主要原因在于，一方面，在碳排放权交易试点实施初期，无论是政府还是企业都处于试探期，部分企业对交易规制缺乏了解，参与意愿较低，难以传递价格信号，再加上各试点地区政策不一致，导致各地碳价有差异，参加交易的企业还存在数量不足的问题，致使碳价稳定性较弱；另一方面，企业在受到碳规制的影响后虽然会自主降低二氧化碳的排放量，但受减排技术、市场需求等因素的限制，不同时期可以降低的二氧化碳含量不同，也会使碳交易市场中可用于交易的配额数量发生波动，导致碳价变化。

图 6-3　2013～2021 年我国碳排放权交易的年平均价格

资料来源：笔者根据万得资讯数据库中相关数据整理绘制，https://www.wind.com.cn/。

　　本书在基准分析中所采用的碳价为 40 元/吨二氧化碳，然而实际的碳规制政策不仅是碳排放交易制度，还有其他约束性碳规制排污标准等，也会不同程度地影响企业的排污成本，因此实际上企业所承受的由碳规制产生的成本可能更大，但因缺乏有效数据难以对其进行估计。此外，我国为减缓在"双碳"目标下实施碳规制政策对企业生产造成的冲击，也为了激励企业将生产向低碳、绿色、清洁化转型，会通过财税政策对企业进行补贴或税费的减免优惠，部分缓解由碳规制政策带来企业成本的上涨。多方因素导致碳排放价格波动，碳排放价格越低，表示碳规制的强度越低，相反，碳排放价格越高，表示碳规制的强度越大，因此，在敏感性分析中，本书将分别采用 20 元/吨二氧化碳和

60 元/吨二氧化碳的价格，分析不同强度的碳规制对家庭经济福利的消费端影响情况，结果见图 6 - 4。

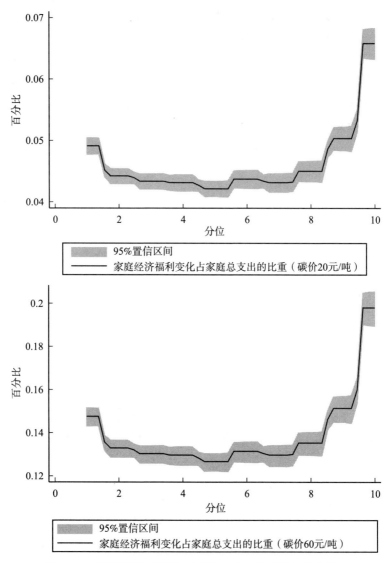

图 6 - 4   不同碳排放价格下消费端家庭经济福利的变化情况

资料来源：笔者利用 stata17.0 软件处理得到。

　　根据图 6 - 4 所示的结果，图 6 - 4 上方图为价格为 20 元/吨二氧化碳的结果，下方图为 60 元/吨二氧化碳的结果，对比两幅图的形状可以发现，碳规制强度的变化只改变了每个家庭中消费端福利损失的程度，随着碳规制强度的提高，消费端家庭经济福利损失的程度增大，但是福利损失在不同支出水平家庭之间的相对程度没有变化，与基准分析的情况保持一致。出现这一结果的主要原因在于，在分析碳规制对家庭经济福利的消费端影响中，本书假设了家庭的总预算水平不变，在需求弹性等其他参数不变的情况下，碳价与家庭消费端福利损失成比例变化。但是这一结果也具有一定的警示作用，在"双碳"目标下，随着碳规制强度的增加，消费端家庭经济福利的损失程度加大，因此，不能为了追求加速实现减排目标而大幅增加碳规制强度，否则家庭经济福利会受到较大影响。

第四节　本 章 小 结

本章从消费端考察了碳规制对家庭经济福利的影响情况。首先，利用投入产出模型计算了当对碳排放进行碳规制后，不同消费品价格的变化情况。其次，基于 QUAIDS 模型估计了微观家庭层面的需求弹性，以反映受价格变动的影响后需求份额的调整情况。最后测算了在实施碳规制后，消费端家庭经济福利的变化情况，并进一步探讨了福利变化在城乡之间的差异。

基于投入产出模型，本章计算了当碳排放的价格为 40 元/吨二氧化碳时，8 个部门的投入产出表中各部门商品价格的变化情况。结果显示，8 个部门的商品价格均有不同程度的上涨，其中，对碳排放进行碳规制后，居住部门价格上涨幅度最大，家庭设备及日用品部门价格上涨幅度次之，而衣着、医疗保健和文教娱乐部门的价格仅有较小幅度的上调，说明居住、家庭设备及日用品、交通通信等商品的碳密集程度相对较大，碳规制对此类商品的影响更深。

本章利用 QUAIDS 模型估计家庭的预算弹性、补偿价格弹性和非补偿价格弹性，得到以下结果。（1）食品、衣着、交通通信的预算弹性小于 1，表明这 3 类为家庭生活的必需品，而家庭设备及日用品、文教娱乐、居住、医疗保健等商品为奢侈品。（2）基于预算份额参数和 3 个需求弹性的估计结果，本章在总预算收入不变的前提下，估计碳规制对家庭经济福利的消费端影响，为了能够达到碳规制前的效用水平，需要补偿给家庭的货币量即为由碳规制引发的消费端家庭经济福利变化，体现为家庭经济福利的损失。（3）家庭经济福利损失占家庭总支出的比重在所有家庭中呈"J"型状态，若按照家庭人均支出水平将样本平均分为两组，对于家庭人均支出相对较低的家庭，随着人均支出的增加，福利损失占家庭总支出的比重逐渐降低；而对于家庭人均支出相对较高的家庭，随着人均支出的增加，福利损失占家庭总支出的比重也在增加，且收入越高，福利损失占总支出的比重越高。（4）城乡对比的结果显示，在家庭人均支出水平较低时，农村家庭经济福利损失占家庭总支出的比重低于城镇；在家庭人均支出水平较高时，农村家庭经济福利损失占家庭总支出的比重高于城镇。

第七章　碳规制的经济归宿及对收入不平等的影响研究

　　根据理论模型可知，碳规制会通过收入端和消费端两个渠道影响家庭经济福利，在收入端会通过影响家庭资本要素收入和劳动要素收入影响家庭可以获取的收入水平，在消费端会通过各类消费品价格变化影响家庭通过消费获得的效用水平。对于每一个家庭而言，收入端的影响与消费端的影响加总，便可以得到碳规制对家庭经济福利影响的总效应。碳规制引起家庭经济福利的变化可以视为实施碳规制所引发的规制成本在家庭中的经济归宿，虽然碳规制面向高耗能、高排放的企业实施，受管制的高碳企业承担着碳规制的法定归宿，但企业将通过产品价格和要素价格将碳规制负担转嫁，导致家庭成为碳规制最终的经济归宿。

　　如前所述，碳规制政策对家庭经济福利的影响在收入端有利于家庭总收入的增加，在消费端却造成了福利损失，因此，碳规制是否能增加家庭总体的经济福利尚不明确，主要取决于该家庭收入端和消费端效应的相对大小。此外，由于家庭具有异质特征，这将导致每个家庭因碳规制引起的家庭经济福利变化程度都不相同，从而使家庭间的收入不平等程度随之发生变化。因此，本章将探讨我国实施的碳规制政策通过改变家庭经济福利水平进而对收入不平等产生的影响。

　　鉴于此，本章首先将收入端家庭经济福利的变化与消费端家庭经济福利的变化加总，计算碳规制所致的家庭经济福利总变化水平，并用货币的形式进行度量，以此表示碳规制在家庭中的最终经济归宿。

　　其次，基于所计算的碳规制的家庭归宿，本书将进一步分析碳规制对收入不平等的影响，需特别说明的是，许多研究通过测度碳规制政策的累进性指标（Kakwani 指数或 Suits 指数）来评价政策对收入不平等的影响（Jiang Z and Shao S，2014；Agostini C A and Jiménez J，2015；Jiang Z J and Ouyang X L，

2017；Qin P et al.，2020；Yan J and Yang J，2021；Guo Y Y et al.，2022），并认为碳规制具有累进性意味着有助于降低收入不平等，具有累退性将会恶化收入不平等。但兰伯特难题现象显示，具有累进性的政策有可能恶化收入不平等，而具有累退性的政策也能达到降低收入不平等的效果（Lambert P J，2001；解垩和陈昕，2023），主要原因在于不同政策存在相互影响的情况。为了避免出现兰伯特难题现象，本书借鉴税收－收益归宿分析方法，在考虑我国已经实施的财税政策的基础上分析碳规制对收入不平等的边际贡献。

最后，在实施碳规制后，为了既能够加速实现我国的"双碳"目标，又能够积极推进共同富裕，可以借助财税政策发挥再分配效应对碳规制政策予以支持。《财政支持做好碳达峰碳中和工作的意见》为本书提供了启示，如果碳规制导致家庭经济福利下降，或增加了收入不平等，可以借助财税政策予以修正，如果碳规制有助于提升家庭经济福利和缩小收入不平等，也可以借助财税政策将该效应放大，从而有利于实现"双碳"与共同富裕目标的协同发展。因此，本章将采用情景模拟分析方法，对企业所得税、个人所得税和政府补助设计三个不同的政策情景，探讨是否可以通过减税或增加政府补助的财政支持方式来助力碳规制政策，从而达到提升家庭福祉和减少收入不平等的目的。

第一节　碳规制的经济归宿测度

分析碳规制对收入不平等的影响，需要以货币形式量化碳规制对家庭经济福利的总效应。结合前述章节中碳规制对家庭经济福利的收入端影响和消费端影响结果，本章将两者结合，采用 QUAIDS 模型估计碳规制影响家庭经济福利的总效应，以货币形式量化家庭经济福利的变化程度，从而测度碳规制在家庭中的经济归宿。

一、研究策略与数据说明

（一）研究策略

本书在第六章中已通过式（6－17）量化了碳规制对家庭经济福利消费端的影响，但消费端效应假设家庭预算收入不变，为测度碳规制影响家庭经济福利的总效应，需考虑碳规制引起的家庭收入变化，因此，还需在家庭收入可变的情况下借助 QUAIDS 模型进行分析。根据第五章第二节的基准回归结果可知，碳规制影响家庭总收入的系数为 0.2019，由于无法获取碳规制前的家庭总收入，因此本书基于该系数构建"伪"家庭总收入，将 2018 年 CFPS 数据库中统计的家庭总收入视为碳规制前的家庭总收入（x），将 x' 视为碳规制后的家庭总收入，其中 $x' = (1 + 0.2019)x$。假设家庭将所有收入均用于消费，没有剩余，因此家庭总收入等于家庭总预算支出，则在受到碳规制影响后，家庭总预算支出发生变化，且 8 类消费品价格发生变化时新的预算份额为：

$$w'_i = \alpha_i + \sum_{j=1}^{n} \gamma_{ij}\ln p_j + \beta_i \ln\left[\frac{x'}{a(p)}\right] + \frac{\lambda_i}{b(p)}\left\{\ln\left[\frac{x'}{a(p)}\right]\right\}^2 + \varepsilon_i \quad (7-1)$$

依据新的预算份额，可计算由碳规制导致的家庭经济福利变化的总效应，采用补偿变量（CV）进行表示：

$$CV_{total} = \sum_{i=1}^{n} w'_i\left(\frac{\Delta p_i}{p_i^0}\right) + \frac{1}{2}\sum_{i=1}^{n}\sum_{j=1}^{n} w'_i e_{ij}^c\left(\frac{\Delta p_i}{p_i^0}\right)\left(\frac{\Delta p_i}{p_j^0}\right) \quad (7-2)$$

在实施碳规制后，在新的预算约束下能实现的效用水平与实施碳规制之前的效用水平不一致，若让家庭能够达到实施碳规制之前的效用水平，需补偿给家庭一定数量的货币，补偿数额即碳规制对家庭经济福利影响的经济归宿。

（二）数据说明

本书在分析碳规制的家庭经济归宿时，采用第五章和第六章的实证研究结果，将碳规制对家庭经济福利的收入端效应和消费端效应加总。具体的计算方式为：利用第五章碳规制对家庭总收入的影响系数，构建受碳规制影响后的伪家庭总预算，结合第六章的 QUAIDS 模型对家庭需求弹性的估计结果，计算出在碳规制影响了家庭总预算收入和产品价格的情况下，为达到碳规制前的效用水平需补偿给家庭的货币数量，即碳规制的家庭经济归宿。计算时所用的数据和变量与前文一致，不再赘述。

二、实证结果分析

当家庭的各项收入和消费价格受碳规制政策的影响均发生变化后，家庭经济福利随之变化的情况如图 7-1 所示。根据式（7-2）可知，在实施碳规制政策后，需要补偿给家庭的货币数量即为碳规制在家庭中的经济归宿，因此，如果计算结果为正，表明需要对家庭进行经济补偿，即碳规制对家庭经济福利影响中的消费端效应大于收入端效应，碳规制将导致家庭经济福利损失，如果计算结果为负，则碳规制对家庭经济福利影响中的收入端效应大于消费端效应，也表明碳规制增加了家庭的经济福利。

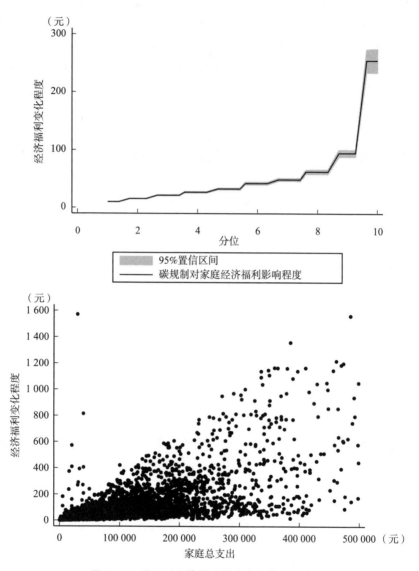

图 7 – 1　碳规制政策导致的家庭经济福利变化

资料来源：笔者利用 stata17.0 软件处理得到。

在图 7 – 1 的上方图中，本书依照家庭总支出水平将所有样本从小到大排序并划分为 10 个分位组，从各分位上家庭经济福利变化的平均程度可以看出，随着家庭总支出水平的提高，碳规制对家庭经济福利造成的损失程度也在逐渐增大，即碳规制的家庭经济归宿随着家庭支出水平的提高而增大。在第一分位组至第九分位组，虽然由碳规制导致的家庭经济福利损失程度在增大，但是福利损失的差距并不大，但在第九分位组后，碳规制对家庭经济福利影响程度急速增大，这表明当家庭的支出水平非常高的时候，受碳规制的影响经济福利损失才会非常大。

在图 7 - 1 的下方图中，本书绘制了家庭总支出水平小于 500 000 元的样本家庭经济福利变化水平的分布情况，从图中可以看出，对于少数家庭，受碳规制的影响，家庭的经济福利水平有少许提升，但是经济福利增加量接近于 0。对于大多数家庭而言，受碳规制政策的影响，用货币度量后的家庭经济福利损失小于 200 元，也有少数家庭经济福利变动的损失超过 1 000 元。

对此结果可能的解释是，对于大多数家庭而言，能够满足日常生活的消费数量和消费结构较为相似，因此，碳规制对这部分家庭的经济福利影响相差不大，随着家庭支出水平的提升，消费的品质提高但是总体的消费数量相差不多，因此由碳规制导致的家庭经济福利损失并没有快速上涨。然而，当家庭支出水平非常高的时候，可能涉及特殊的支出项目，如购买房产、装修、购买高能耗的汽车等，而建筑、装修、交通等项目均属于二氧化碳排放密度相对较高的行业，也是在"双碳"目标下进行碳规制的重点行业，因此相关行业的碳规制力度较大，所承受的碳规制成本相对更多。当家庭的支出中此类消费所占的份额更大时，家庭承担的碳规制带来的经济归宿更大，即体现为更高的家庭经济福利损失。

第二节　碳规制对收入不平等的边际贡献

家庭间的异质性导致碳规制引起各家庭经济福利变化的程度不同，从归宿的视角而言即为碳规制在家庭中的归宿水平不同。在分析碳规制对家庭经济福利收入端影响效应时，碳规制对家庭各项收入和家庭总收入的影响在城乡间、收入群体间均具有异质效应，此外，在分析碳规制对家庭经济福利的消费端影响时，在城乡间以及不同支出水平的家庭之间，碳规制所导致的家庭经济福利损失程度也存在差异。由此可以推测，碳规制可能对收入不平等产生影响。结合理论分析可知，碳规制是有助于降低收入不平等，还是存在扩大收入不平等的隐患，尚不能确定，最终结果主要取决于碳规制对收入端影响和对消费端影响的相对大小，以及碳规制政策的家庭经济归宿在所有家庭中的分布情况。

　　财税政策的再分配功能在缓解收入不平等问题上有重要作用。现阶段，我国为如期实现碳达峰碳中和目标，加强了财政支持政策与碳规制政策的衔接，鉴于家庭还承担着各项直接税、间接税的税收负担，部分家庭还享有政府对家庭补助的收益，因此，在分析碳规制对收入不平等的影响时，也不能忽视财税政策的影响。如果不考虑财税政策，可能会因为财税政策与碳规制的相互作用，导致分析碳规制对收入不平等的影响时结论不准确。政策间交互影响极具重要性，将其忽视可能因出现兰伯特难题现象而得出相反的结论（Lambert P J，2001；Lustig N，2018）。因此，本书将我国实施的碳规制政策与财税政策相结合，分析在我国已实施财税政策的前提下，碳规制政策对收入不平等的边际贡献。

一、研究方法与数据说明

（一）研究方法

　　为了进一步探究碳规制对收入不平等产生的影响，本书将借助税收－收益归宿方法进行分析。在分析之前，需要界定不同的收入概念，首先是初始收入（X），本书定义的初始收入是家庭所获得的税前收入，且不含有政府对家庭的补助收入；其次是碳规制实施之前的家庭收入（X_{pre}），本书对此定义为：初始收入减去税收归宿（T），并加上家庭所收到的所有政府补助收入（B），即 $X_{pre} = X - T + B$。最后是碳规制实施之后的家庭收入（X_{post}），本书对此的定义是初始收入减去家庭所承担的税收归宿（T）和碳规制归宿（CV），并加上家庭所收到的所有政府补助收入（B），因此，最终收入为 $X_{post} = X - T - CV + B = X_{pre} - CV$。

　　在分析碳规制对收入不平等的影响时，本书采用基尼系数表示收入不平等程度。以初始收入为例，若以 G_X 表示初始收入时的基尼系数，F_X 表示按照家庭的初始收入从小到大排序时的标准化排序（the normalized rank）[①]，μ_X 表示所有家庭的初始收入的均值，则初始收入的基尼系数可以表示为：

$$G_X = \frac{2\mathrm{cov}(X, F_X)}{\mu_X} \tag{7-3}$$

　　在实施了碳规制后，碳规制的成本归宿在家庭之中给家庭带来负担，使碳

---

　　① 假设共有 n 个家庭，当所有家庭按照初始收入从小到大排序时，排在第 n 位的家庭是所有家庭中初始收入最高的，那么，第 j 个家庭的标准化排序等于 j/n，因此标准化排序介于 $1/n$ 到 1。

规制造成的家庭经济福利变动，根据对碳规制家庭经济归宿的测度结果可知，碳规制对家庭经济福利的总效应为负。如果随着收入的增加，碳规制导致的家庭经济福利变动程度增大，则碳规制体现为累进性，表明碳规制的负担更多地由高收入家庭承担。如果家庭收入越高，碳规制导致的家庭经济福利变动程度越小，则碳规制体现为累退性，表明碳规制的负担主要由低收入家庭承担。利用卡克瓦尼（Kakwani）指数可以测度碳规制的累进性：

$$I_{CV}^{K} = C_{CV}^{X_{pre}} - G_{X_{pre}} \qquad\qquad (7-4)$$

通常而言，Kakwani 指数大于零时，表示碳规制具有累进性，可以缩小收入不平等；Kakwani 指数小于零时，表示碳规制具有累退性，将会扩大收入不平等。然而家庭经济福利不仅受到碳规制的影响，还受到税收及政府对家庭补助等财税政策的影响，仅通过 Kakwani 指数判定碳规制对收入不平等的影响可能会出现兰伯特难题现象，导致具有累进性质的政策可能会增加收入不平等，而具有累退性质的政策也能够发挥减少收入不平等的作用（Lambert P J，2001）。因此，本书采用以碳规制实施前后再分配效应之差的方法（Lustig N，2018）分析碳规制对收入不平等的影响，如果碳规制实施后的再分配效应大于碳规制政策实施前的再分配效应，则表示碳规制有助于减少收入不平等，反之表示碳规制将会扩大家庭间的收入不平等。具体可以表述为：

$$RE = (G_X - G_{X_{post}}) - (G_X - G_{X_{pre}}) \qquad\qquad (7-5)$$

在式（7-5）等号右侧，第二项表示碳规制实施之前所有财税政策的再分配效应，若该项大于零，则表明在没有碳规制政策时，我国的财税政策体系起到了再分配作用，有助于降低收入不平等。等号右侧的第一项表示实施了碳规制后，碳规制政策加上所有的财税政策一起发挥的再分配作用，若该项大于零，则表明在实施了碳规制政策后，上述所有政策一起发挥作用后有助于降低家庭间的收入不平等。然而，在实施了碳规制政策后，虽然第一项的再分配效应大于零，但并不能表示碳规制具有减少收入不平等的作用，只有当 RE 大于零时，才能表示我国实施的碳规制政策有助于减少收入不平等。

（二）数据说明

为分析碳规制对收入不平等的影响，本书将根据可获取的微观数据结合宏观数据，通过直接识别、间接推算等方法，计算家户的初始收入、各类税种承担的税收负担、碳规制负担以及获得的政府对家庭的补助收入，从而尽可能贴近我国实施的碳规制政策在家户中的归宿情况，以及各项财税政策在家庭中的归宿情况。微观数据采用 2018 年中国家庭追踪调查数据库中的数据，宏观数据选用《中国 2018 年投入产出表》《中国统计年鉴（2019）》和《中国税务年鉴（2019）》中的数据。

（三）变量说明

本书的初始收入为碳规制实施前的税前收入，且不包含政府对家庭的补助。依据可获取的微观家庭收入数据，基准分析中的初始收入包括税前的工资收入、经营收入（含农业经营收入）、财产收入、私人转移收入以及礼物礼金捐赠等其他收入。值得说明的是，在国内外相关文献中，养老金收入的归属有两种，一种视为延迟收入，纳入初始收入中计算，另一种视为政府对家庭的补助，纳入现金补助中计算，鉴于我国养老保险采用现收现付制度且设有中央财政基本养老金转移支付预算，本书在基准分析中将养老金视为政府对家庭的补助，在敏感性分析中将养老金视为延迟收入纳入初始收入中计算。

为了避免仅用累进性判断碳规制对收入不平等的影响而产生的兰伯特难题现象，本书在分析碳规制对收入不平等的影响时，还考虑了税收和政府补助对收入不平等的影响。依据我国税法和家庭经济行为，本书计算与家庭收入、支出密切相关的直接税和间接税的税收负担涵盖 12 个税种[①]，约占 2018 年税收总收入的 97.59%，较为贴近我国税收政策在家庭中的归宿情况。

1. 个人所得税

我国的个人所得由三个部分组成，分别是工资所得、个体工商户经营所得和财产租赁所得。2018 年 10 月 1 日，我国对个人所得税进行了调整，免征额和税率均有较大幅度变动，但是在 CFPS（2018）统计的数据中，多为在过去的一年里家庭所获取的收入，因此仅有较少部分样本中的工资收入受到个人所得税改革的影响。为了简便计算，本书在基准分析中，按照 2018 年个人所得税改革之前的个税免征额及税率表为准，用 CFPS 中统计的税后工资收入倒推计算税前收入，即可得到税前工资年收入和相应的个税税额。对于个体工商户经营所得，CFPS 中统计的仍为税后净收入，本书依照税法规定倒推计算税前净收入，并计算个体工商户经营所得的个税税额。对于家庭的财产租赁和转让所得，本书将房屋、土地和设备等总所得额平均分摊至 12 个月，并按照税法扣除修缮费用，计算税前收入和相应的个税税额。

---

① 本书没有分析环境保护税、资源税、印花税、船舶吨税、烟叶税和关税，因为这些税种在微观数据不充分的情况下难以与家庭消费支出项目建立对应关系。

2. 增值税、消费税、营业税和城市维护建设税

本书假设增值税、消费税、营业税和城市维护建设税完全前转，在此前提下综合考虑了税负转嫁、税收优惠和征收率，本书将结合家庭消费支出数据和各行业实际税率，计算家庭负担的增值税、消费税和营业税税额。首先，参照聂海峰等（2010）的方法，利用《中国 2018 年投入产出表》和《中国税务年鉴（2019 年）》数据计算各行业实际税率①。其中，投入产出表整合为 8 个部门的投入产出表，因此年鉴中分行业的增值税、消费税、营业税、城市维护建设税等税收收入与 8 个部门的投入产出表对应后加总即可得到 8 个部门各项间接税的实际税收。其次，需要计算各部门的实际税率，增值税实际税率为部门实际税收与部门增加值之比，消费税和营业税的实际税率的计算方式为部门实际税收与部门总产出之比。此外，对于城市维护建设税，本书将依照各行业增值税、营业税和消费税占三个税种总税收收入的比重，将城市维护建设税分摊到三者之中。最后，用 CFPS（2018）中所统计的 8 类别家庭消费支出数据乘以相应实际税率，即可得到家庭增值税、消费税和营业税的税收负担。

3. 企业所得税和财产税

由于企业所得税和财产税没有统一的税负转嫁假设，且我国的企业保有大量的未分配利润，难以计算其家庭的最终归宿，因此本书参照岳希明等（2014）的方法，在基准分析中，假设企业所得税由资本所有者（50%）、消费者（25%）和从业者（25%）共同承担，其中，资本所有者部分以家庭的财产性收入占全国财产收入总额的比重乘以全国企业所得税总额的方法进行计算；消费者部分以家庭生活消费支出总额占全国居民消费支出总额的比重乘以全国企业所得税总额进行计算；从业者部分按照家庭工资收入占全国从业人员报酬总额的比重乘以全国企业所得税总额的方法进行计算。本书所指的财产税包括房产税、城镇土地使用税、土地增值税、契税、耕地占用税、车船税和车辆购置税。在计算财产税的家庭归宿时，前五项财产税的计算方法与企业所得税相同，但车船税和车辆购置税不仅含有家庭消费部分，也含有企业等非家庭消费的部分，因此，对非家庭消费的部分，计算方式与企业所得税相同，对家庭消费的部分，则按照家庭实际消费支出计算。其中车辆购置税以 10% 的税基计算，车船税则采用卢洪友等（2019）的方法，以购车费用作为征税标准，以各档税额的均值作为家庭车船税税负进行计算。此外，企业所得税和财产税税负计算中涉及的全国财产性收入从业人员报酬的数据来源于《中国统计年鉴

---

① 本书忽略了研究期内的税率调整变化。

（2019）》中的现金流量表，而全国居民消费支出数据则采用全国居民人均消费支出乘以 2018 年末总人口来计算。

4. 政府对家庭的补助

本书所指的政府补助包括无条件的政府现金补助、有条件的政府现金补助和养老金。对于无条件的政府现金补助，在 CFPS 中由低保、退耕还林补助、农业补助、五保户补助、特困户补助、工伤人员供养直系亲属抚恤金、救济金和赈灾款构成，为避免政策顺序设计与路径依赖导致边际贡献的计算不准确，本书将所有项目视为一项政府补助收入，不进一步计算低保等各类政府补助项目对不平等的边际贡献。对于有条件的政府现金补助，本书将 CFPS 统计的医疗支出中医疗保险报销部分视为有条件的政府现金补助，所涉及的医疗保险包括公费医疗、城镇职工医疗保险、城镇居民医疗保险、补充医疗保险、新型农村合作医疗。对于养老金，本书在基准分析中，将养老金视为政府补助，而在敏感性分析中，将养老金视为延迟收入，纳入初始收入的计算中。

根据上述初始收入、碳规制的家庭归宿、各类税收负担、各项政府对家庭补助的处理方法，以家庭年度总额进行统计，所有财税政策实施后的最终收入 = 初始收入 - 碳规制的家庭归宿 - 各类税收负担 + 各项政府补助。

此外，由于很多家庭的农业收入和经营收入为负值，本书将该家庭的所有收入加总，若加总后初始收入仍为负，则将家庭初始收入调整为 0。为确保同一家庭所有成员处于收入分布中的同一位置，本书利用家庭规模计算各类收入和税额的人均年度总额。最终，在剔除缺失值和不可靠样本后，本书的样本由 11 759 户家庭构成。所有变量的描述性统计见表 7 - 1。

表 7 - 1　　　　　　　　　　各变量的描述性统计

变量	样本量	平均值	标准差	最小值	最大值
初始收入	11 759	84 048.31	209 403.70	0	9 222 831.00
最终收入	11 759	80 939.75	189 837.60	- 2 357.41	9 157 023.00
碳规制的家庭归宿	11 759	60.70	137.06	0.005	2 802.13
个人所得税	11 759	5 604.38	37 063.45	0	2 973 433.00
增值税	11 759	3 319.17	4 768.34	1.94	135 738.10
消费税	11 759	431.03	376.93	0.02	5 216.71
营业税	11 759	2.91	6.55	0	108.78
企业所得税	11 759	3 036.94	3 439.86	3.80	105 408.70

续表

变量	样本量	平均值	标准差	最小值	最大值
房产税	11 759	249.67	282.57	0.31	8 624.57
城镇土地使用税	11 759	205.94	233.25	0.26	7 148.44
土地增值税	11 759	484.49	548.80	0.61	16 823.51
契税	11 759	492.08	557.59	0.62	17 116.32
耕地占用税	11 759	113.47	128.59	0.14	3 944.89
车船税	11 759	77.03	120.79	0.04	5 182.98
车辆购置税	11 759	549.85	2 717.87	0.19	132 147.70
养老金	11 759	7 527.15	20 294.78	0	600 000.00
政府补助	11 759	1 033.24	4 453.73	0	132 300.00
医疗保险	11 759	2 958.71	12 541.67	0	500 000.00

二、实证结果分析

(一) 碳规制对收入不平等的边际贡献

在以货币度量了碳规制导致的家庭经济福利损失后，该福利损失即可视为碳规制在家庭中的经济归宿，如果碳规制的家庭经济归宿在所有家庭之间能够与家庭收入水平成比例均匀分布，则碳规制政策不会对收入不平等产生影响。然而，前述结果显示，碳规制的家庭经济归宿在家庭之间的分布并不均匀，所以，碳规制会对收入不平等产生何种影响并不可知。本书借助税收－收益归宿分析方法，测度碳规制对收入不平等的边际贡献。碳规制与财税政策之间的交互影响可能导致仅测度碳规制政策边际贡献的结果与实际情况不符而产生兰伯特难题现象。因此，本书将碳规制与我国的财税政策纳入同一测度框架体系进行分析。

碳规制以及各项税收、政府补助对收入不平等的边际贡献测度结果见表7-2。从绝对边际贡献的计算结果可知，碳规制的系数为 - 0.0002，表明在实施了碳规制后，所有政策发挥作用后最终的再分配能力降低，不利于减少收入不平等程度，即由于碳规制政策的实施，不仅使家庭经济福利水平遭受损失，还因此削弱了原财税政策体系的再分配能力，扩大了收入不平等进而扩大了家庭间的收入差距。造成这一结果的原因在于，碳规制在家庭中的经济归宿与家庭收入不成比例，结合图7-1可知，大多数家庭无论收入水平如何，其碳规制的家庭经济归宿均在 200 元以内，对低收入家庭而言，碳规制的经济归宿占家庭收入的比重相对更高，而对于中等收入家庭以及部分高收入家庭而言，碳规制造成的福利损失占家庭收入的比重相对更低，这就使家庭间最终收入差距拉大，收入不平等程度变高。

表 7 - 2   碳规制对收入不平等的边际贡献

政策	边际贡献	累进（退）性	政策	边际贡献	累进（退）性
碳规制	- 0. 0002	- 0. 2443	土地增值税	- 0. 0010	- 0. 1635
个人所得税	0. 0157	0. 2478	契税	- 0. 0011	- 0. 1634
增值税	- 0. 0092	- 0. 1983	耕地占用税	- 0. 0002	- 0. 1649
消费税	- 0. 0015	- 0. 2670	车船税	- 0. 0002	- 0. 1940
营业税	- 0. 0001	- 0. 2444	车辆购置税	- 0. 0007	- 0. 0592
企业所得税	- 0. 0061	- 0. 1506	养老金	0. 0374	0. 5931
房产税	- 0. 0005	- 0. 1648	政府补助	0. 0082	0. 7480
城镇土地使用税	- 0. 0004	- 0. 1654	医疗保险	0. 0240	0. 6818

资料来源：笔者利用 stata 软件中的 DASP_V3. 03 模块包计算得出。

除碳规制外本书还测度了各项财税政策对收入不平等的影响，对于税收政策来说，个人所得税能够降低居民间的收入不平等，体现了较好的再分配作用，但除个人所得税外，其他的增值税、消费税、营业税、企业所得税和财产税等均会增加居民间的收入不平等程度。对于政府补助政策而言，视为政府补助收入的养老金政策具有较好的收入再分配作用，可以降低家庭间的收入不平等，而主要面向贫困人口实施的政府补助政策虽然也能够降低收入不平等，但效果偏弱，可能的原因在于，政府补助的获益群体受诸多条件限制且补助规模偏低，部分地区的政府补助政策还存在瞄准失效、精英俘获等问题，因此其调节收入不平等的能力偏弱。

除边际贡献外，本书还采用卡克瓦尼指数测算了各项政策的累进（退）性，结果显示，各项政策对收入不平等的影响方向与累进（退）性的符号一致，表明当前我国的碳规制政策和财税政策均没有出现兰伯特难题现象。此外，碳规制政策呈现累退性，进一步表明碳规制政策的家庭归宿在低收入群体中的负担大于高收入群体，虽然其边际贡献仅为 - 0. 0002，对收入不平等的边际贡献小于增值税、企业所得税和财产税等税种，但碳规制的累退性为 - 0. 2443，累退程度大于增值税等税种，这一结果反映出相对于增值税、企业所得税和财产税，碳规制政策更不利于改善家庭间的收入不平等状况。

（二）碳规制对收入不平等的异质性分析

由于我国存在显著的城乡二元特征，城镇居民的收入不平等与农村居民的收入不平等状况有显著不同，因此本书将全样本划分为城镇样本和农村样本，仍采用式（7－5）进一步分析碳规制政策对城镇内部和农村内部收入不平等的影响情况。碳规制及财税政策对城镇地区收入不平等以及对农村地区收入不平等的边际贡献如表7－3所示。结果显示，对于碳规制政策而言，在实施了碳规制后，对城镇地区收入不平等的影响程度（－0.0002）小于农村地区（－0.0003），这表明碳规制对农村地区收入不平等的影响相对更为严重，也说明碳规制政策不利于缩小农村地区的居民收入差距。此外，对比城镇地区与农村地区其他财税政策的边际贡献可以看出，对于除个人所得税以外的其他税收政策，农村地区对收入不平等的边际贡献绝对值大于城镇地区，而个人所得税和养老金对缩小城镇地区收入不平等的贡献更大，政府对家庭的补助和医疗保险制度对于缩小农村地区的收入不平等的作用相对更强。

表7－3　　　　　碳规制及财税政策对城乡家庭收入不平等的影响

政策	边际贡献		政策	边际贡献	
	城镇	农村		城镇	农村
碳规制	－0.0002	－0.0003	土地增值税	－0.0009	－0.0013
个人所得税	0.0166	0.0134	契税	－0.0009	－0.0013
增值税	－0.0075	－0.0118	耕地占用税	－0.0002	－0.0003
消费税	－0.0014	－0.0018	车船税	－0.0002	－0.0002
营业税	－0.0000	－0.0000	车辆购置税	－0.0005	－0.0009
企业所得税	－0.0053	－0.0073	养老金	0.0463	0.0187
房产税	－0.0005	－0.0007	政府补助	0.0040	0.0135
城镇土地使用税	－0.0004	－0.0005	医疗保险	0.0126	0.0232

资料来源：笔者利用stata软件中的DASP_V3.03模块包计算得出。

在积极促进"双碳"目标达成的同时，我国也注重推进共同富裕，因此，本书将全样本划分为低收入群体、中等收入群体和高收入群体，主要采用"以中国典型的三口之家年收入在10万～50万元"的测度标准测算中等收入群体规模，这一标准更贴合我国当前的基本经济特征。因此，本书将家庭人均年收入低于 33 333.33 元划入低收入群体，介于 33 333.33 元至 166 666.67 元划入中等收入群体，高于 166 666.67 元划入高收入群体，从而将总样本划分为三个不同的收入群体，由此分析"双碳"目标下的碳规制政策和各项财税政策对不同收入群体收入不平等的影响情况。

根据式（7-5）分别分析碳规制对各收入群体收入不平等的边际贡献，测度结果列于表 7-4 中。结果显示，从整体上看，无论对于哪一类收入群体，碳规制政策的实施都将导致群体内收入不平等程度增加，其中，碳规制政策对中等收入群体和高收入群体的收入不平等影响程度相同且相对较弱，而对低收入群体的收入不平等影响相对较强。由于收入不平等也体现了家庭的相对剥夺程度，因此，碳规制政策对低收入家庭经济福利水平的影响更大，不仅会造成家庭经济福利绝对水平的损失，还会增加组内及组间的收入不平等程度，从而加重相对剥夺状况。

表 7-4　　　碳规制及财税政策对不同收入群体的收入不平等的影响

政策	边际贡献			政策	边际贡献		
	低收入群体	中等收入群体	高收入群体		低收入群体	中等收入群体	高收入群体
碳规制	-0.0003	-0.0001	-0.0001	土地增值税	-0.0012	-0.0004	-0.0005
个人所得税	0.0067	0.0199	-0.0085	契税	-0.0013	-0.0004	-0.0005
增值税	-0.0019	-0.0041	-0.0033	耕地占用税	-0.0003	-0.0001	-0.0001
消费税	-0.0018	-0.0009	-0.0004	车船税	-0.0002	-0.0001	-0.0001
营业税	-0.0000	-0.0000	-0.0000	车辆购置税	-0.0008	-0.0003	-0.0006
企业所得税	-0.0071	-0.0025	-0.0032	养老金	0.0302	0.0480	0.0052
房产税	-0.0006	-0.0002	-0.0003	政府补助	0.0162	0.0023	0.0003
城镇土地使用税	-0.0005	-0.0002	-0.0002	医疗保险	0.0283	0.0086	0.0005

资料来源：笔者利用 stata 软件中的 DASP_V3.03 模块包计算得出。

对于税收政策，个人所得税仅在低收入群体和中等收入群体中起到减少收入不平等的作用，且对中等收入群体的影响相对更强，但在高收入群体中却不能调节家庭间的收入差距。增值税、消费税、营业税、企业所得税和各项财产税在三类群体中均呈负向影响，即不利于降低收入不平等。从边际贡献的数值来分析，这些税种对低收入群体的影响更大，不利于降低低收入群体内部的收入不平等程度。财政政策中的养老金对降低中等收入群体收入不平等的作用更强，能够起到缩小低收入群体内家庭收入差距的作用，但对高收入群体的影响相对较小。政府补助政策和医疗保险政策更多地向低收入群体倾斜，有助于降低低收入群体内部的收入不平等程度。因此，个人所得税、养老金、政府补助和医疗保险等政策有助于共同富裕目标的实现。

（三）敏感性分析

在基准分析中，本书将养老金政策视为政府对家庭的补助收入，但是，国内外针对养老金的研究中，对养老金收入的归属存在不同的观点。部分研究将养老金视为政府对个人的补助收入，也有研究将养老金视为个人的延迟收入。在税收－收益归宿分析方法中，养老金的归属问题将影响初始收入水平以及政策实施前其他政策的再分配净效应。在基准分析中，由于我国的养老保险采用现收现付制度，且设有中央财政基本养老金转移支付预算，为避免因养老金的归属问题导致结果偏差，本书将养老金视为延迟收入纳入初始收入中，进行敏感性分析，具体结果见表7－5。

表7－5　　　　　　　　碳规制对收入不平等影响的敏感性分析

变量	样本分类	边际贡献	累进（退）性
碳规制	全样本	－0.0002	－0.2555
	城镇样本	－0.0002	－0.2386
	农村样本	－0.0002	－0.2873
	低收入群体	－0.0003	－0.2647
	中等收入群体	－0.0001	－0.1498
	高收入群体	－0.0001	－0.3125

资料来源：笔者利用 stata 软件中的 DASP_V3.03 模块包计算得出。

由于本书重点关注碳规制政策对收入不平等的影响情况，因此，表7－5仅列示了碳规制政策对全样本、城乡样本以及不同收入群体样本的收入不平等影响的测度结果。从边际贡献的估计系数来看，碳规制对各类样本收入不平等的影响方向及影响程度与基准分析基本保持一致，表明本书基准分析的结果较为稳健。

第三节　财税政策支持碳规制减少
收入不平等的情景分析

由碳规制对家庭造成的经济福利损失可知，碳规制政策的实施可能会给部分家庭带来"阵痛"，还存在扩大收入不平等的风险。缓解因碳规制的家庭归宿对家庭经济福利产生的影响，可以借助财税手段发挥其收入再分配的功能，进而削弱碳规制对家庭经济福利的冲击。因此，本书进一步分析如何通过财税政策支持碳规制提升家庭经济福利并减少收入不平等。

2022 年 5 月 25 日，为有力推进实现碳达峰碳中和目标，财政部出台《财政支持做好碳达峰碳中和工作的意见》，将财税政策与碳规制进行有效衔接，当前的主要目标是支持各地区各行业加快绿色低碳转型，从长期可持续的角度出发，形成财税政策支持碳达峰碳中和政策体系。本书在这一基准目标的基础上进一步拓展，从微观家庭的视角出发，让财税政策在激励绿色低碳转型的同时减轻居民在转型过程中的福利损失，缓解由碳规制政策所引发的转型成本归宿分配不均造成的负面影响。

为了在实现"双碳"目标之际兼顾居民福祉，本书从降低家庭负担和增加家庭收入两个途径设计财税政策支持碳规制提升家庭经济福利的情景。

一、财税政策支持碳规制的情景设计

为支持碳达峰碳中和，我国已实施企业所得税的税收优惠政策，引导企业以清洁能源和可再生能源替代化石能源。2021 年 12 月 16 日，财政部公布了《环境保护、节能节水项目企业所得税优惠目录（2021 年版）》以及《资源综合利用企业所得税优惠目录（2021 年版）》。相关税收优惠政策不仅降低了企业的税收负担，也能够间接减少家庭承受的最终归宿，有助于改善家庭的福利状况。此外，根据前文分析的结果，财税政策中的个人所得税、养老金、政府补助和医疗保险等政策具有良好的降低收入不平等的作用，其中，个人所得税有助于降低中等收入家庭的收入不平等，政府补助更有利于增进低收入群体的福利，而养老金和医疗保险虽然能发挥减少收入不平等的作用，但对于家庭而言需要满足年龄条件或就医条件的要求。因此，本书主要从企业所得税、个人所得税和政府补助三个方面设计财税政策支持碳规制的政策情景，旨在降低碳

规制的家庭经济归宿，提高居民福祉，减少收入不平等。

（一）碳规制结合企业所得税税收优惠的情景设计

我国在"双碳"目标下实施的碳规制政策主要面向企业，与此相关的财税政策也主要对符合条件的企业实施，为激励企业减排降碳和绿色转型，减轻由碳规制带来的成本冲击，我国不仅利用税费优惠政策为相关企业减负，还通过绿色创新补贴、奖励等方式对企业进行资金支持。但由于缺乏详细的企业所得税优惠、创新补贴以及各企业低碳行为获取相关奖励金额的具体数据，为便于分析，本书将面向企业发放的补贴和奖励等财政资金均视为企业所得税优惠。在企业所得税减免后，企业所得税在家庭中的实际归宿也随之降低，但是降低的实际额度无法明确统计，鉴于此，本书假设最终家庭的企业所得税税负减少5%。

企业所得税的税收负担减少意味着家庭可支配预算收入增加，假设额外新增的预算均用于消费，没有结余和储蓄，随着总预算改变，碳规制在家庭中的最终归宿将相应发生变化。由于碳规制在家庭中的新增归宿小于所减免的企业所得税税负，且碳规制对收入不平等的边际贡献小于企业所得税的边际贡献，因此，可以预测，以碳规制结合企业所得税税收优惠的财税政策支持方式不仅可以提升家庭经济福利水平，也有助于降低收入不平等。

（二）碳规制结合个人所得税减免的情景设计

我国的个人所得税是财税政策中调节收入分配的重要税收工具之一，具有较强的收入再分配功能，有助于缩小居民间的收入差距。2018年10月起，我国的个人所得税再次改革，免征额由原来的3 500元/月提高至5 000元/月，税率及税率级次也有适当调整，并且增添了6项专项附加扣除，形成了综合与分类相结合的个人所得税制模式，新个税的税前扣除力度进一步加大，居民的获得感也有所增强。

在本章前两小节的分析中，个人所得税是按照新个税改革之前的制度计算的家庭个人所得税税负，为了分析通过个人所得税优惠支持碳规制以提升家庭经济福利水平和缩小收入不平等的情景，本书将根据原个税法倒推计算税前收入，依照新个人所得税法规定的免征额、税率及附加扣除项目等计算相应的税额，以此模拟个人所得税减免的情景。需特别说明的是，第一，因专项附加扣除项目中的大病医疗专项附加扣除以纳税年度计算，在纳税人办理年度汇算清缴时据实扣除，受数据限制，本书没有包含大病医疗专项扣除项目；第二，对于专项附加扣除项目中家庭租房项目的扣除标准，由于微观数据中缺乏样本所在城市的必要信息，因此，本书假设所有涉及租房专项扣除项目的家庭，扣除标准均为 1 000 元/月；第三，如果家中夫妻双方均有综合所得收入，由于夫妻双方只能选择其中一方或均摊子女教育等专项扣除，因此，本书假设由收入高的一方扣除子女教育、住房贷款利息或住房租金等专项扣除项目；第四，对于同时拥有综合所得收入和经营所得收入的家庭和个人，由于在同一个纳税年度内只能扣减一次免征额和专项扣除，因此，本书仅在综合所得中进行扣减，只有当家庭没有综合所得收入时，才在经营所得中进行扣减。

在按照新个税计算家庭个人所得税的税收负担后，税负的变化导致家庭可支配收入发生变化，碳规制在家庭中的经济归宿也将随之改变。但是碳规制结合个人所得税减免对家庭经济福利水平的影响存在差异，因此，其对收入不平等的影响难以明确。对于收入水平偏低的家庭而言，无论个税是否改革可能都没有个人所得税的负担，与此同时，碳规制的家庭经济归宿保持稳定，因此不受个税改革影响的家庭的总体福利水平几乎不变。而对于改革后的个人所得税负担减轻的家庭而言，税负减少提升了可支配收入，虽然预算的增加也提高了碳规制在家庭中的归宿，但预算提高的程度更大，因此家庭的总体福利水平提升。对于改革后个人所得税税负增加的家庭而言，税负增加减少了可支配收入，虽然碳规制的家庭归宿随之降低，但降低的幅度小于税负增加的程度，因此家庭总体的福利水平下降。可以预测，以碳规制结合个人所得税减免的财税政策支持方式可以提升部分家庭的福利水平，然而，由于对家庭经济福利水平的影响程度未知，因此对家庭间收入不平等的影响难以界定。

（三）碳规制结合提高政府补助的情景设计

我国的政府补助包括低保、退耕还林补助、农业补助、五保户补助、特困户补助、工伤人员供养直系亲属抚恤金、救济金、赈灾款等面向家庭或个人的政府补助项目，主要是对低收入的贫困群体或有生活困难的家庭给予现金或实物形式的支持。因此，可以直接提高政府补助对象的家庭收入。由于政府补助资金的使用没有特殊限制，家庭可以根据实际需求自行使用。

由于在"双碳"目标下实施的碳规制政策会对家庭经济福利产生负向影响，但绿色发展转型期间必定会产生一定的改革成本，为了削弱碳规制政策对家庭经济福利的损失，本书假设政府面向低收入群体增设绿色低碳补助项目，主要用于补偿因碳规制政策造成的家庭经济福利的损失，补助标准为 200 元/年。假设家庭将获取的绿色低碳补助资金完全用于消费，没有结余和储蓄，新增的绿色低碳补助将增加消费总预算，碳规制的家庭经济归宿随之增加，但增加的幅度小于绿色低碳补助的标准，因此，可以预见，家庭的经济福利水平能够提升。由于绿色低碳补助仅面向低收入群体，因而有助于缩小群体间的收入差距。基于上述分析可以预测，以碳规制结合政府补贴的财税政策支持方式既可以提高家庭的福利水平，又有利于降低家庭间的收入不平等。

二、实证结果分析

（一）三种情景对家庭经济福利水平的影响

基于碳规制结合三种财税支持政策的情景设计，本书计算了三种情景下家庭经济福利的变动情况，其中家庭经济福利的变化以家庭在各情景下的最终收入与原最终收入之间的变化来表示。图 7-2 是将所有样本依照家庭人均初始收入水平划分为 10 个分位组，并展示了不同分位组上三种情景下家庭经济福利变化的均值。从碳规制结合企业所得税减免的情景 1 来看，在减免了企业所得税后，对于所有分位组上的家庭而言，家庭经济福利均有提升，且家庭经济福利随着人均初始收入水平的提高而上涨，但各分位组之间家庭经济福利上涨的差距不大。从碳规制结合个人所得税减免的情景 2 来看，在实施了个人所得税改革后，各分位组对应家庭的经济福利水平也呈上涨态势，且随着人均初始收入水平的提高，家庭经济福利的上涨幅度也有所提高，第十分位组与第一分位组之间的差距也较为突出。从碳规制结合绿色低碳补助的情景 3 来看，由于在情景设计中，绿色低碳补助仅面向低收入群体实施，在图 7-2 中，仅在前 7 个分位组中的家庭经济福利有所上涨，由于是定额补助，因此，各分位组上家庭经济福利上涨的幅度基本一致。对比这三个情景可以发现，当家庭人均初始收入水平处于低分位组时，碳规制结合绿色低碳政府补助更有利于家庭经济福利的提升，当家庭人均初始收入水平处于中、高分位组时，碳规制结合减免个人所得税更有利于家庭经济福利的提升。

本书将样本进一步划分为城镇与农村，以对比不同情景下城镇家庭与农村家庭之间福利变动的差异。图 7-3 中上方的柱状图显示，无论是在城镇还是农村，三种情景均可以使家庭经济福利提升，其中碳规制结合个人所得税减免的情景 2 提升家庭经济福利的效果最好，且更有利于城镇家庭。此外，碳规制结合企业所得税减免的情景 1 也有利于提高城镇家庭的福利水平。然而当碳规制与绿色低碳政府补助项目结合时，农村家庭的福利水平提升程度相对更高，主要原因在于，相较于城镇地区的家庭，农村家庭的收入相对偏低，满足获取绿色低碳补助条件的家庭更多，因此，在情景 3 中农村家庭经济福利变动的平均值大于城镇家庭。

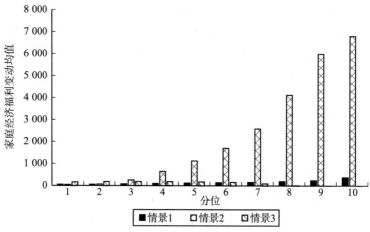

图 7 - 2　三种情景下不同分位的家庭经济福利变动情况

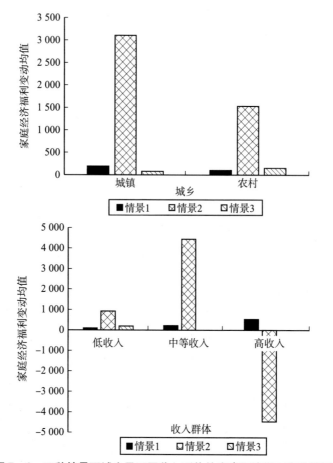

图 7 - 3　三种情景下城乡及不同收入群体的家庭经济福利变动情况

本书还对比了低收入群体、中等收入群体和高收入群体的家庭经济福利变动差异，图7－3下方的柱状图显示，对于碳规制结合企业所得税减免的情景1来说，其有助于各收入群体家庭经济福利的提升；从家庭经济福利变动幅度来看，情景1对低收入群体的影响小于中、高收入群体。对于碳规制结合个人所得税减免的情景2而言，其有助于提高低收入群体和中等收入群体的家庭经济福利，但是对高收入群体的家庭经济福利将产生不利影响。造成这一结果的原因可能在于，新一轮的个人所得税改革从以前的分类征收变更为综合与分类相结合的征收形式，对于部分高收入群体而言，劳务报酬、稿酬、特许权使用费等所得收入的税率由原来的20%提高至更高的边际税率，增加了部分高收入群体的整体个人所得税税负，导致家庭经济福利降低。对于碳规制结合绿色低碳政府补助项目的情景3而言，由于其仅面向低收入群体实施，因此仅能提高低收入群体的家庭经济福利。

综合来看，碳规制在不同财税政策的支持下，可以提升大多数家庭的福利水平。企业所得税减免的情景可以提升各类收入群体的家庭经济福利水平，个人所得税减免的情景更有利于提高中等收入家庭的经济福利水平，而增加绿色低碳补助的情景则利于提高低收入家庭的经济福利水平。

（二）三种情景对收入不平等的影响

表7－6汇总了碳规制结合财税政策支持的三种情景对收入不平等的影响结果，测算方法是各情景实施之后碳规制与财税政策总体的再分配效应与各情景实施之前的再分配效应之差，结果大于零则表示该情景有利于减少收入不平等。

表7－6　　　　碳规制结合财税政策支持后对收入不平等的影响情况

情景	全样本	城镇	农村	低收入群体	中等收入群体	高收入群体
情景1	0.0075	0.0085	0.0174	0.0086	－ 0.0029	0.0043
情景2	－ 0.0677	－ 0.0783	－ 0.0669	－ 0.0913	－ 0.0769	－ 0.0056
情景3	0.0012	0.0007	0.0020	0.0023	0.0000	0.0000

对于情景1，当碳规制与企业所得税减免相结合时，总体上有助于降低家庭间的收入不平等。其中，相比城镇而言，情景1的政策组合对于改善农村家庭间收入不平等的影响更大。但是，对不同收入群体内收入不平等的影响存在较大差异。对低收入群体和高收入群体而言，情景1的政策组合可有效降低收

入不平等,但是对于中等收入群体却会扩大收入不平等。对此可能的解释是,虽然家庭企业所得税税负同比例降低,但由于家庭的需求弹性各有不同,当减税增加了家庭预算后,不同家庭新增的碳规制归宿并不相同,部分家庭新增的碳规制的经济归宿可能上涨幅度更大,使中等收入群体内各家庭的最终收入并非同比例发生变化,从而进一步扩大了收入不平等。

对于情景 2,当碳规制与个人所得税减免相结合时测度结果为负,表明该情景并不利于降低家庭间的收入不平等。其中,与农村相比,情景 2 的政策组合对城镇收入不平等的负向影响更大,而在不同收入群体中,情景 2 的政策组合对低收入群体和中等收入群体内收入不平等的负向影响更强。对此可能的解释为,个人所得税减免的政策只能由缴纳个人所得税的群体获益,与不需缴纳个人所得税的低收入家庭相比,缴纳个人所得税的家庭收入增加,因此拉大了两者的收入差距,尽管减免的税负仍会用于消费并承担碳规制的成本负担,但因碳规制的家庭经济归宿规模相对较小,故仍会扩大收入不平等,这一现象在低收入群体中较为突出。

对于情景 3,当碳规制与增加政府补助相结合时,总体上具有降低收入不平等的影响。由于绿色低碳补助仅给予低收入群体,因此测度结果显示情景 3 的政策组合对低收入群体减轻收入不平等的效果更佳,但是对中等收入群体和高收入群体几乎没有影响。虽然以政府补助支持碳规制对降低城镇、农村和低收入群体的收入不平等有利,但是削弱收入不平等的程度较小,这主要受绿色低碳补助规模较小的限制。如果要扩大减少收入不平等的强度,可以加大对低收入群体绿色低碳补助的力度。

第四节　本 章 小 结

本章主要测度了碳规制在家庭中的经济归宿,分析了碳规制政策对收入不平等的影响。首先,在第五章和第六章研究结论的基础上,测度了碳规制的家庭经济归宿;其次,借助税收-收益归宿分析方法,将碳规制与财税政策相结合,测度了碳规制对收入不平等的边际贡献;最后,为提升居民福祉和缩小收入差距,本书设置了不同的政策情景,以期探索"双碳"与共同富裕共赢的可行途径。

研究结果显示:(1)将碳规制对家庭经济福利的收入端影响和消费端影响结合后,可以将碳规制对家庭经济福利的总体影响用碳规制的家庭经济归宿来表示,随着家庭总支出水平的提高,碳规制的家庭经济归宿越大,表明碳规制造成的家庭经济福利损失程度越大,当家庭总支出在比较高的水平时,家庭承担了更多的碳规制成本,因此家庭经济福利损失更大;(2)在实施了碳规制后,碳规制呈累退性,且削弱了原财税政策体系的再分配能力,导致整个收入分布的不平等程度增加,即碳规制会扩大收入不平等;(3)碳规制对农村地区收入不平等的负向影响相对更严重,不利于缩小农村居民的收入差距;(4)碳规制对低收入群体、中等收入群体和高收入群体内部收入不平等均为负向影响,使不同收入群体的收入不平等程度增加,其中,碳规制对低收入群体的负向影响大于中等收入群体和高收入群体;(5)改变养老金的归属不会影响碳规制对收入不平等负向影响的结论。

为促进实现"双碳"目标时兼顾居民福祉,本书设置了不同情景,分析可否通过财税政策支持碳规制达到提升家庭经济福利并降低收入不平等的目的。情景模拟分析结果如下。(1)当以企业所得税减免的财税支持政策与碳规制相结合时,不仅有利于家庭经济福利提升,还能够减少收入不平等。其中,家庭经济福利提升程度随收入的增长而增加,但无论是不同分位组还是不同收入群体,家庭经济福利提升的程度没有过大差距。此外,在该情景下,更有利于降低农村和低收入群体的收入不平等程度。(2)当以个人所得税减免的财税支持政策与碳规制相结合时,虽能显著增加家庭经济福利,但是却不利于降低收入不平等。其中,家庭经济福利提升程度随着分位的提升有较大幅度的增加,城镇增加的幅度高于农村,中等收入群体的增加幅度高于低收入群体,但是对于高收入群体,可能因税率变化导致家庭经济福利水平有所下降。从对收入不平等的影响来看,在该情景下,无论是全样本、城乡样本还是不同收入群体的分样本,均显示不利于降低收入不平等,其主要原因在于个人所得税减免的受益群体与非受益群体之间的收入水平差距增大,因此扩大了收入不平等程度。(3)当以增加政府补助的财税支持政策与碳规制相结合时,能够有效增加低收入群体的家庭经济福利水平,同时也有利于缩小收入不平等。其中,对家庭经济福利水平的影响显示,该情景更有利于农村家庭以及低收入群体。由于低收入家庭的经济福利水平提升,而高收入者经济福利水平没有明显变化,因此总体上能够有效降低收入不平等。

第八章　研究结论与政策启示

第一节　研究结论

本书从微观家庭的视角深入研究了碳规制对家庭经济福利的影响。基于我国所实施的碳规制政策的典型案例，本书以碳排放权交易政策为例，构建了碳规制影响家庭经济福利的理论模型，并利用可获取的宏观数据与微观数据，从实证的角度检验了我国实施的碳规制政策对家庭经济福利的收入端效应、消费端效应，以及对收入不平等的影响。通过对前文的分析，本书得出如下结论。

第一，在"双碳"目标的驱动下，我国的碳规制政策已经由"政府管理"为主的碳规制政策逐步转向以"市场化"为主的碳规制政策，但我国的碳规制政策还存在许多待完善之处。（1）从历史数据中可以看出，我国单位 GDP 能耗呈逐年下降的趋势，每个五年计划的预期目标均已实现，但是，在"双碳"目标的指引下，单位 GDP 能耗进一步下降的难度将越来越大，这便要求我国碳规制政策的实施强度需要进一步增大。（2）现阶段我国每年二氧化碳排放量仍在持续增长，随着碳达峰时间的趋近，减排的压力越来越大。还需要完善碳排放权交易制度，发挥市场机制的作用，从源头上减少碳排放。（3）通过以节能、减排、增加碳汇等"双碳"标准评价各省的碳规制效率，发现多数省份碳规制的实施效率较高，部分省份实施效率偏低，且 2004 ~ 2017 年，碳规制的实施效率没有明显提升，我国碳规制政策的实施效率需要进一步优化。

第二，基于本书的理论分析，可以得出如下结论。（1）以碳排放权交易政策为例的碳规制政策对家庭经济福利的影响主要为自上而下的两阶段影响，第一阶段是碳规制政策对产品价格和要素价格产生影响，第二阶段是由产品和要素价格的改变，导致家庭收入水平和消费结构发生变化，使碳规制政策实施前后家庭可以获得的效用水平有所改变，即影响了家庭的经济福利。其中，碳规制改变要素价格引起的家庭收入水平变化可称为碳规制对家庭经济福利的收入端影响，碳规制改变产品价格引起家庭消费变化可称为碳规制对家庭经济福利的消费端影响。（2）从收入端影响来看，碳规制对资本要素价格和对劳动要素价格的作用方向相反，但由于碳规制对资本和劳动价格的影响程度未知，家庭要素禀赋也存在差异，因此无法明确碳规制最终能否提高家庭总收入以及对家庭总收入的影响程度。从消费端影响来看，碳规制将改变低碳产品和高碳产品的相对价格，但影响方向及影响程度也不能确定，一方面，受到家庭收入与消费特征的影响，另一方面，受到高碳企业碳排放量与政府免费发放的碳排放配额数量的影响。因此，将消费端效应与收入端效应结合来看，虽然碳规制能够对家庭经济福利产生影响，但最终的总效应体现为福利增进还是福利损失，无法得出一般性的结论。（3）从相对视角来看，碳规制虽然可以导致家庭经济福利水平发生变化，但因每个家庭的收入来源结构、消费偏好等家庭特征存在差异，因此碳规制在每个家庭中实际的经济归宿不同，异质性家庭间经济福利变化的程度也存在差异，那么碳规制不仅会影响家庭经济福利水平，还会对收入不平等产生影响。

　　第三，碳规制对家庭经济福利的收入端影响如下。（1）碳规制对家庭各项收入的影响存在差异，其中，对家庭工资收入有显著的负向影响，对家庭经营收入有显著的正向影响，对财产收入、政府补助和其他收入均不存在显著影响。此外，随着时间的推移，碳排放权交易试点政策对家庭工资收入的负向影响和对家庭经营收入的积极影响程度在不断加深。（2）碳规制对家庭总收入具有显著的提升作用，随着时间的推移，提升家庭总收入的作用呈逐年增强的态势，表明碳规制对家庭总收入的正向影响具有长期性和稳定性。（3）碳规制对家庭收入的影响具有区域、城乡及家庭特征的异质性，对工资收入的负向影响、对经营收入的正向影响以及对家庭总收入的正向影响的影响方向基本不变，差异主要在于影响的相对程度。其中，碳规制对农村家庭、低收入群体的家庭总收入提升作用相对更大，但如果家庭中有成员在高碳密度行业就业，则碳规制对工资收入的冲击更大，对家庭总收入的提升作用相对更弱，这也体现了高碳密度行业承担了更多的碳规制成本。

　　第四，碳规制对家庭经济福利的消费端影响如下。（1）尽管碳规制政策对高碳企业的碳排放进行管制约束，但是部门间价格传导机制的作用最终使每个部门商品的价格均有不同幅度的上涨。在假设家庭预算收入不变的前提下，产品价格上涨导致家庭无法达到碳规制实施之前的效用水平，因此，碳规制对家庭经济福利的消费端影响体现为福利损失。（2）家庭经济福利损失占家庭总支出的比重在所有家庭中呈"J"型分布状态。按照家庭人均支出水平将样本平均分为两组，对于家庭人均支出相对较低的家庭而言，随着人均支出的增加，其福利损失占家庭总支出的比重逐渐降低；对于家庭人均支出相对较高的家庭而言，随着人均支出的增加，其福利损失占家庭总支出的比重在增加，且收入越高，福利损失占总支出的比重越高。（3）城乡对比的结果显示，在家庭人均支出水平较低时，农村的福利损失低于城镇，在家庭人均支出水平较高时，农村家庭经济福利损失高于城镇，且城乡间福利损失的差距越来越大。

第五，碳规制对收入不平等的影响如下。（1）将碳规制对家庭经济福利的收入端影响和消费端影响结合后，碳规制对家庭经济福利的总体影响可以用碳规制的家庭经济归宿来表示。测度结果显示，消费端的负向影响抵消了收入端的正向影响，使碳规制对家庭经济福利的总体影响体现为福利损失，随着家庭总支出水平的提高，碳规制造成的家庭经济福利损失程度在增大。（2）碳规制对收入不平等的边际贡献结果显示，碳规制政策的实施削弱了财税体系的再分配能力，导致收入不平等程度增加，且对农村地区以及低收入群体收入不平等的负向影响程度更大。（3）缓解碳规制对家庭经济福利和收入不平等的不利影响，可以借助财税政策工具。企业所得税减免的财税支持政策与碳规制相结合，不仅有利于家庭经济福利提升，还能够减少收入不平等的情况。个人所得税减免的财税支持政策与碳规制相结合，虽然能够显著增加家庭经济福利，但不利于降低收入不平等，主要原因在于个人所得税减免的受益群体与非受益群体之间的收入水平差距增大。增加政府补助的财税支持政策与碳规制相结合，能够有效增加低收入群体的家庭经济福利水平，同时也有利于缩小收入不平等。

第二节　政策启示

本书的主要研究结论具有以下政策启示。

第一，完善市场化碳规制政策，提升碳规制的实施效率。

一方面，市场化碳规制政策比政府管理式的碳规制政策更具成本效率，这是许多国家实行碳排放权交易或碳税等市场化碳规制政策的重要原因。在"双碳"目标下，我国需要尽快完善以碳排放权交易为核心的市场化碳规制体系，力求发挥其高效节能降碳和激励绿色技术创新的作用，以形成绿色低碳的长效机制。当前，我国还需要改进和优化的内容有很多，如引入有偿分配机制提高碳价、扩大覆盖的行业范围、完善抵消制度、强化履约管理制度等。

另一方面，控制碳规制的强度，注重通过提升碳规制的实施效率达到节能降碳的目的。要适度增加碳规制的强度，但要避免因碳规制强度过大给社会及家庭带来负面冲击，更合理的方式是通过提升碳规制的效率来达到减排目的。我国许多省市碳规制的实施效率较低，与实施效率高的省市差距较大，因此，还需实行有差别的碳规制政策，强化对低效率省市的管理，兼顾强度与效率，激励企业绿色转型，加速实现碳达峰。

第二，丰富低收入群体增收渠道，持续优化营商环境。

由理论分析及实证结果可知，碳规制对工资收入具有负向影响，对经营收入能起到提升作用，通过增强家庭的创收能力，营造良好的营商环境，能够更好地发挥碳规制对提升家庭收入的积极作用。

一方面，需要丰富增收渠道，对于高收入群体而言，收入来源更加多元化，应对政策冲击的能力更强，而对于低收入群体，收入来源单一化使得低收入群体面对政策冲击时显得更为脆弱。在"双碳"目标的引领下，为了降低碳规制对家庭工资收入的不利影响，需要帮助低收入群体适应社会对劳动力需求的变化。碳规制政策的实施会调整产业结构，淘汰落后产能，将导致高耗能、高排放行业进行裁员，而在向绿色低碳转型的过程中，壮大新兴产业、发展低碳经济又需要更多拥有低碳清洁技术的人才。面对劳动力需求的调整，可以通过增加清洁技术培训、优化职业教育等方式弱化对就业的不利影响，并通过提高技能水平增强低收入群体的竞争力以获得更多的劳动收入。

另一方面，需要持续优化营商环境，更好地发挥碳规制对经营收入的提升作用。当前我国碳排放权交易政策仍以免费配额发放的形式为主，因此，现阶段可以通过降低碳价成本的方式减轻控排企业的负担。但是，随着未来碳排放权交易制度的不断完善，在引入配额有偿分配机制、扩大覆盖行业和控排企业后，碳排放交易市场将发挥更强的市场机制作用，碳价也会相应地有所提升。在企业减排负担加重之时，政府需要做的是为碳排放交易市场的有序运行提供保障，在配额分配与调整、企业履约情况的监管、碳排放数据的核查、相关项目的备案与签发等方面降低制度性的交易成本，营造良好的营商环境，为企业减轻碳规制的部分负担，从而在协助企业经营的基础上增加家庭的经营性收入。

第三，强化财税政策支持碳规制的方案设计，助力"双碳"与共同富裕双赢。

随着未来我国碳排放权交易制度的完善和优化，对二氧化碳的管控力度更强，有可能对家庭经济福利和收入不平等产生不利影响。为此，需要借助财税政策发挥再分配效应，为碳规制政策的实施提供支持，既可以减缓对家庭的影响，也有助于在促进实现"双碳"目标的同时推动共同富裕，实现双赢。

其一，通过税收优惠政策减轻企业的税负。碳规制为高能耗、高排放的企业带来了减排压力，为实现"双碳"目标，市场化碳规制的实施将导致碳规制的强度逐渐增强。为了减轻重点行业企业的降碳负担，也为了更好地支持各行各业加快绿色低碳转型，2022年，财政部印发了《财政支持做好碳达峰碳中和工作的意见》，表明除了通过财政资金在相关领域发挥推动作用外，还要发挥税收政策的激励、约束作用，研究支持减排降碳的税收政策。因此，在现行税制的框架中，可以针对企业的绿色技术创新行为、重大节能降碳项目等内容实施税收优惠，从而形成税收的激励机制，适当降低企业税负。企业负担降低可以间接减轻家庭的经济负担，有助于提升家庭的经济福利。

其二，通过税收优惠政策减轻家庭的税负。在负担转嫁的作用下，家庭承担了许多政策最终的经济归宿，因此税收优惠政策可以由企业进一步深入到家庭中。根据碳规制对家庭经济福利消费端影响的结果可知，碳规制导致各类消费品价格不同程度地上涨，从而增加了家庭负担，其中，高碳产品价格上涨幅度相对更大。因此，可以针对不同的消费品设置有差别的税收优惠，如对低碳、绿色环保技术的产品实施消费税优惠、增值税优惠等，引导消费者优化消费结构，通过降低高碳产品的消费比重达到减轻家庭税收负担和碳规制负担的目的，以此来增加家庭的经济福利。

其三，通过向低收入家庭提供政府补助缓解家庭的碳规制负担。伴随着碳规制的实施，各类消费品价格有不同程度上涨，其中，与能源相关的产品价格将受到更大的影响，而这其中不乏维持基本生活的必需品，例如，北方地区冬季将消耗大量煤炭等化石资源进行取暖。为了降低低收入家庭受碳规制的影响，可以面向特定群体，以现金补助、产品补贴等方式提供资金支持。此外，家庭层面也有大量的碳排放行为，尽管当前无法对其进行直接管制，但可以通过对购买清洁类产品进行补贴等形式引导家庭形成绿色低碳的消费行为，对实现"双碳"目标起到一定作用，而面向特定的低收入群体进行补贴，还有助于缓解收入不平等，有利于推进共同富裕。

第三节 研究展望

第一，进一步扩展碳规制影响家庭经济福利的理论模型。本书的理论模型是静态、封闭、简化的一般均衡模型，这与我国现实情况存在一定差距。在今后的研究中，理论模型可以扩展到动态、开放经济的一般均衡模型，利于进一步研究分析。

第二，进一步增强研究的精准度。由于缺乏相关数据的支持，书中部分变量仅能在有限数据的约束下选择代理变量，此外，对于价格的转嫁还施加了较强的完全转嫁的假设条件，因此，现阶段研究结果的精准性有待完善，在未来数据更丰富的情况下，有望更精准地测度碳规制在家庭中的经济归宿。

第三，进一步分析全国碳排放权交易市场的政策效应。受宏观数据与微观数据匹配以及数据发布时间的约束，本书仅讨论了碳排放权交易试点政策对家庭经济福利的影响情况，未来有关碳规制对家庭经济福利效应的研究有待进一步丰富，有望探索出以加快实现"双碳"目标、协同推进共同富裕为导向的更为完善的碳规制政策体系。

参考文献

［1］安孟，张诚．环境规制是否加剧了工资扭曲［J］．西南民族大学学报（人文社会科学版），2020（7）：118－128.

［2］包彤．环境规制扩大还是缩小了城乡收入差距——基于经济效率和经济结构双重视角［J］．云南财经大学学报，2022（3）：1－20.

［3］边永民．贸易措施在减排温室气体制度安排中的作用［J］．南京大学学报（哲学·人文科学·社会科学版），2009，45（1）：41－47.

［4］蔡宏波，韩金镕，钟腾龙．企业迁移的减排效应——兼论"污染天堂假说"与"波特假说"［J］．经济学动态，2022（11）：90－106.

［5］财政支持做好碳达峰碳中和工作的意见［R］．中华人民共和国财政部，http：//zyhj.mof.gov.cn/zcfb/202205/t20220530_3814434.htm。

［6］陈浩，陈平，罗艳．基于超效率 DEA 模型的中国资源型城市生态效率评价［J］．大连理工大学学报（社会科学版），2015，36（2）：34－40.

［7］陈诗一，刘朝良，金浩．环境规制、劳动力配置与城市发展［J］．学术月刊，2022，54（2）：48－62.

［8］党的二十大报告［R］．中华人民共和国中央人民政府网，https：//www.gov.cn/xinwen/2022－10/25/content_5721685.htm。

［9］邓忠奇，高廷帆，庞瑞芝，等．企业"被动合谋"现象研究："双碳"目标下环境规制的福利效应分析［J］．中国工业经济，2022（7）：122－140.

［10］范洪敏．环境规制会抑制农民工城镇就业吗［J］．人口与经济，2017（5）：45－56.

［11］范洪敏，穆怀中．环境规制对城镇二元劳动力就业的影响——基于劳动力市场分割视角［J］．经济理论与经济管理，2017（2）：34－47.

［12］范庆泉．环境规制、收入分配失衡与政府补偿机制［J］．经济研究，2018（5）：14－27.

［13］高鸣，姚志．保障种粮农民收益：理论逻辑、关键问题与机制设计

[J].管理世界,2022,38(11):86-102.

[14] 耿晔强,都帅帅.环境规制、技术进步与企业实际工资 [J].南开经济研究,2020(5):3-23.

[15] 韩晓祎,许雯雯.市场型环境规制的要素收入分配效应:谁承担了环境治理的成本 [J].财贸经济,2023,44(5):126-143.

[16] 何春,刘荣增.环境规制影响城镇相对贫困的实证检验 [J].统计与决策,2022(6):84-89.

[17] 何雄浪,史世姣.高质量发展视角下我国环境规制减贫致富效应研究 [J].西南民族大学学报(人文社会科学版),2022(1):105-116.

[18] 何治国.运用财税政策推动新能源汽车产业发展的研究 [J].价格理论与实践,2011(2):73-74.

[19] 侯孟阳,姚顺波.中国城市生态效率测定及其时空动态演变 [J].中国人口·资源与环境,2018,28(3):13-21.

[20] 胡鞍钢.中国实现2030年前碳达峰目标及主要途径 [J].北京工业大学学报(社会科学版),2021,21(3):1-15.

[21] 胡彪,王锋,李健毅,等.基于非期望产出SBM的城市生态文明建设效率评价实证研究——以天津市为例 [J].干旱区资源与环境,2015,29(4):13-18.

[22] 胡珺,方祺,龙文滨.碳排放规制、企业减排激励与全要素生产率——基于中国碳排放权交易机制的自然实验 [J].经济研究,2023,58(4):77-94.

[23] 黄和平,谢云飞.市场型环境规制促进了工业低碳转型吗——来自用能权交易的证据 [J].产业经济研究,2023(1):58-72.

[24] 黄志刚,陈晓楠,李健瑜.生态移民政策对农户收入影响机理研究——基于形成型指标的结构方程模型分析 [J].资源科学,2018,40(2):439-451.

[25] 贾亚娟,范子珺.环境规制对居民绿色低碳生活行为的影响——基于面子观念的调节效应 [J].资源科学,2023,45(3):623-636.

[26] 贾智杰,林伯强,温师燕.碳排放权交易试点与全要素生产率——兼论波特假说、技术溢出与污染天堂 [J].经济学动态,2023(3):66-86.

[27] 李斌,陈斌.环境规制、财政分权与中国经济低碳转型 [J].经济问题探索,2017(10):156-165.

[28] 李斌,詹凯云,胡志高.环境规制与就业真的能实现"双重红利"

吗——基于我国"两控区"政策的实证研究 [J]. 产业经济研究, 2019 (1): 113 - 126.

[29] 李虹, 邹庆. 环境规制、资源禀赋与城市产业转型研究——基于资源型城市与非资源型城市的对比分析 [J]. 经济研究, 2018 (11): 182 - 198.

[30] 黎洁, 李树苗. 退耕还林工程对西部农户收入的影响: 对西安周至县南部山区乡镇农户的实证分析 [J]. 中国土地科学, 2010, 24 (2): 57 - 63.

[31] 李金凯, 程立燕, 张同斌. 外商直接投资是否具有"污染光环"效应? [J]. 中国人口·资源与环境, 2017, 27 (10): 74 - 83.

[32] 李梦洁. 环境污染、政府规制与居民幸福感——基于 CGSS (2008) 微观调查数据的经验分析 [J]. 当代经济科学, 2015, 37 (5): 59 - 68, 126.

[33] 李珊珊. 环境规制对异质性劳动力就业的影响——基于省级动态面板数据的分析 [J]. 中国人口·资源与环境, 2015, 25 (8): 135 - 143.

[34] 林季红, 刘莹. 内生的环境规制: "污染天堂假说"在中国的再检验 [J]. 中国人口·资源与环境, 2013, 23 (1): 13 - 18.

[35] 刘传江, 赵晓梦. 强"波特假说"存在产业异质性吗——基于产业碳密集程度细分的视角 [J]. 中国人口·资源与环境, 2017 (6): 1 - 9.

[36] 卢洪友, 杜亦譞. 中国财政再分配与减贫效应的数量测度 [J]. 经济研究, 2019 (2): 4 - 20.

[37] 卢晶亮, 冯帅章, 艾春荣. 自然灾害及政府救助对农户收入与消费的影响: 来自汶川大地震的经验 [J]. 经济学 (季刊), 2014, 13 (2): 745 - 766.

[38] 陆旸. 从开放宏观的视角看环境污染问题: 一个综述 [J]. 经济研究, 2012, 47 (2): 146 - 158.

[39] 罗宏, 张保留, 王健, 等. 京津冀及周边地区清洁取暖补贴政策现状、问题与对策 [J]. 中国环境管理, 2020, 12 (2): 34 - 41.

[40] 吕冰洋, 刘潘, 赵厉, 等. 中国居民资本要素收入有多少? [J]. 统计研究, 2020, 37 (4): 3 - 17.

[41] 毛其淋, 许家云. 政府补贴、异质性与企业风险承担 [J]. 经济学 (季刊), 2016, 15 (4): 1533 - 1562.

[42] 聂海峰, 刘怡. 增值税转型对收入分配的影响 [J]. 税务研究, 2009 (8): 44 - 47.

[43] 聂海峰, 刘怡. 城镇居民的间接税负担: 基于投入产出表的估算

[J]. 经济研究, 2010 (7): 31 - 42.

[44] 彭可茂, 席利卿, 彭开丽. 强环境规制对中国园艺产品出口竞争力影响的实证分析——基于环境投入产出表的测算 [J]. 管理工程学报, 2014, 28 (2): 26 - 38.

[45] 平新乔. 微观经济学十八讲 [M]. 北京: 北京大学出版社, 2012.

[46] 平新乔, 郑梦圆, 曹和平. 中国碳排放强度变化趋势与"十四五"时期碳减排政策优化 [J]. 改革, 2020 (11): 37 - 52.

[47] 钱学锋, 刘钊, 毛海涛. 绿水青山何以成为金山银山——环境规制、产品治理与消费者福利 [J]. 经济学 (季刊), 2023, 23 (3): 929 - 947.

[48] 秦明, 齐晔. 环境规制的收入分配效应研究 [J]. 经济与管理研究, 2019, 40 (11): 70 - 81.

[49] 沈宏亮, 金达. 异质性环境规制、工业企业研发与就业技能结构——基于空间面板杜宾模型的实证研究 [J]. 软科学, 2019 (8): 39 - 43, 53.

[50] 宋德勇, 毕道俊. 环境规制对我国城市就业的影响 [J]. 城市问题, 2020 (10): 29 - 38.

[51] 宋玲玲, 武娟妮, 孙钰如, 等. "十四五"农村清洁取暖改造技术应用与补贴政策研究 [J]. 环境保护, 2022, 50 (4): 15 - 20.

[52] 唐琦, 夏庆杰, 李实. 中国城市居民家庭的消费结构分析: 1995 - 2013 [J]. 经济研究, 2018, 53 (2): 35 - 49.

[53] 唐人虎, 陈志斌. 中国碳排放权交易市场——从原理到实践 [M]. 北京: 电子工业出版社, 2022.

[54] 汤维祺, 吴力波, 钱浩祺. 从"污染天堂"到绿色增长——区域间高耗能产业转移的调控机制研究 [J]. 经济研究, 2016, 51 (6): 58 - 70.

[55] 涂正革. 中国的碳减排路径与战略选择——基于八大行业部门碳排放量的指数分解分析 [J]. 中国社会科学, 2012 (3): 78 - 94, 206 - 207.

[56] 王灿, 张雅欣. 碳中和愿景的实现路径与政策体系 [J]. 中国环境管理, 2020, 12 (6): 58 - 64.

[57] 王芳. 我国环境规制强度测度及其对就业规模的影响——基于省际动态面板数据的实证分析 [J]. 中国环境管理, 2021 (1): 75, 121 - 127.

[58] 王锋, 葛星. 低碳转型冲击就业吗——来自低碳城市试点的经验证据 [J]. 中国工业经济, 2022 (5): 81 - 99.

[59] 王少剑, 高爽, 黄永源, 等. 基于超效率SBM模型的中国城市碳排放绩效时空演变格局及预测 [J]. 地理学报, 2020, 75 (6): 1316 - 1330.

[60] 王庶, 岳希明. 退耕还林、非农就业与农民增收——基于21省面板数据的双重差分分析 [J]. 经济研究, 2017, 52 (4): 106 – 119.

[61] 吴雪婧, 于小兵, 钱宇. 自然灾害如何影响农户的贫困脆弱性——基于 CFPS 微观数据的实证分析 [J]. 农业技术经济, 2022 (6): 46 – 60.

[62] 解垩, 陈昕. "双碳"目标下提升生态效率与促进家庭收入增长研究 [J]. 中南大学学报 (社会科学版), 2023, 29 (1): 52 – 65, 107.

[63] 解垩, 陈昕. 财税政策对不平等和贫困的影响研究 [J]. 经济社会体制比较, 2023 (1): 19 – 31.

[64] 谢伦裕, 陈飞, 相晨曦. 城乡家庭能源消费对比与影响因素——以浙江省为例 [J]. 中南大学学报 (社会科学版), 2019, 25 (6): 106 – 117.

[65] 谢强, 封进. 环境管制的健康效应与福利效应 [J]. 经济学 (季刊), 2023, 23 (3): 894 – 912.

[66] 谢申祥, 范鹏飞, 宛圆渊. 传统 PSM-DID 模型的改进与应用 [J]. 统计研究, 2021, 38 (2): 146 – 160.

[67] 闫冰倩, 乔晗, 汪寿阳. 碳交易机制对中国国民经济各部门产品价格及收益的影响研究 [J]. 中国管理科学, 2017, 25 (7): 1 – 10.

[68] 杨佳伟, 王美强. 基于非期望中间产出网络 DEA 的中国省际生态效率评价研究 [J]. 软科学, 2017, 31 (2): 92 – 97.

[69] 杨子晖, 田磊. "污染天堂"假说与影响因素的中国省际研究 [J]. 世界经济, 2017, 40 (5): 148 – 172.

[70] 杨真, 李善乐. 自然灾害频发对农户收入的长期影响: 发生机制与应对之策 [J]. 干旱区资源与环境, 2023, 37 (6): 105 – 113.

[71] 杨振兵, 张诚. 中国工业部门工资扭曲的影响因素研究——基于环境规制的视角 [J]. 财经研究, 2015, 41 (9): 133 – 144.

[72] 于小兵, 卢逸群, 吉中会, 等. 近45a 来我国农业气象灾害变化特征及其对粮食产量的影响 [J]. 长江流域资源与环境, 2017, 26 (10): 1700 – 1710.

[73] 余泳泽, 孙鹏博, 宣烨. 地方政府环境目标约束是否影响了产业转型升级? [J]. 经济研究, 2020, 55 (8): 57 – 72.

[74] 原毅军, 谢荣辉. 环境规制的产业结构调整效应研究——基于中国省际面板数据的实证检验 [J]. 中国工业经济, 2014 (8): 57 – 69.

[75] 岳希明, 张斌, 徐静. 中国税制的收入分配效应测度 [J]. 中国社会科学, 2014 (6): 96 – 117, 208.

［76］张成，于同申，郭路．环境规制影响了中国工业的生产率吗——基于 DEA 与协整分析的实证检验［J］．经济理论与经济管理，2010（3）：11 - 17.

［77］张成，陆旸，郭路，等．环境规制强度和生产技术进步［J］．经济研究，2011，46（2）：113 - 124

［78］张海燕，汪德华．环境规制的收入效应——以秸秆禁烧为例［J］．经济科学，2023（1）：221 - 237.

［79］张华，魏晓平．绿色悖论抑或倒逼减排——环境规制对碳排放影响的双重效应［J］．中国人口·资源与环境，2014，24（9）：21 - 29.

［80］张健，杨佳伟，崔海洋．基于网络 DEA 模型的我国区域生态效率评价研究［J］．软科学，2016，30（8）：15 - 19.

［81］张可．区域一体化、环境污染与社会福利［J］．金融研究，2020（12）：114 - 131.

［82］张文彬，张理芃，张可云．中国环境规制强度省际竞争形态及其演变——基于两区制空间 Durbin 固定效应模型的分析［J］．管理世界，2010（12）：34 - 44.

［83］赵敏．环境规制的经济学理论根源探究［J］．经济问题探索，2013（4）：152 - 155.

［84］赵细康．环境保护与产业国际竞争力［M］．北京：中国社会科学出版社，2003.

［85］中国气候变化蓝皮书（2024）［R］．中国气象局，https：//www.cma.gov.cn/2011xwzx/2011xmtjj/202407/t20240704_6399979.html。

［86］中国应对气候变化的政策与行动［R］．中华人民共和国中央人民政府网，https：//www.gov.cn/zhengce/2021 - 10/27/content_5646697.htm。

［87］中华人民共和国国民经济和社会发展第十四个五年规划和 2035 年远景目标纲要［R］．中华人民共和国中央人民政府网，https：//www.gov.cn/xinwen/2021 - 03/13/content_5592681.htm。

［88］周五七，陶靓．环境规制影响中国劳动力就业的区域异质性——基于产业结构门槛效应的实证检验［J］．西部论坛，2020，30（1）：100 - 110.

［89］Agostini C A, Jiménez J. The Distributional Incidence of the Gasoline Tax in Chile［J］. Energy Policy, 2015, 85（C）: 243 - 252.

［90］Ahmad E, Stern N. Effective Carbon Taxes and Public Policy Options: Insights from India and Pakistan［R］. Asia Research Centre Working Paper No. 28,

2009.

[91] Banks J, Blundell R, Lewbel A. Quadratic Engel Curves and Consumer Demand [J]. The Review of Economics and Statistics, 1997, 79 (4): 527 –539.

[92] Baranzini A, van den Bergh J, Carattini S, Howarth R B, Padilla E, Roca J. Carbon Pricing in Climate Policy: Seven Reasons, Complementary Instruments, and Political Economy Considerations [J]. WIREs Climate Change, 2017, 8 (7): 1 –17.

[93] Barker T, Kohler J. Equity and Ecotax Reform in the EU: Achieving a 10 Per Cent Reduction in CO_2 Emissions Using Excise Duties [J]. Fiscal Studies, 1998, 19 (4): 375 –402.

[94] Beck M, Rivers N, Wigle R, Yonezawa H. Carbon Tax and Revenue Recycling: Impacts on Households in British Columbia [J]. Resource and Energy Economics, 2015 (41): 40 –69.

[95] Bento A M, Goulder L H, Jacobsen M R, von Haefen R H. Distributional and Efficiency Impacts of Increased US Gasoline Taxes [J]. American Economic Review, 2009, 99 (3): 667 –699.

[96] Bian J, Zhang Y, Shuai C Y, Shen L Y, Hen R, Wang Y P. Have Cities Effectively Improved Ecological Well-Being Performance? Empirical Analysis of 278 Chinese Cities [J]. Journal of Cleaner Production, 2020, 245: No. 118913.

[97] Böckerman P, Ilmakunnas P. Unemployment and Self-Assessed Health: Evidence from Panel Data [J]. Health Economics, 2009, 28 (1): 1 –19.

[98] Brenner M, Riddle M, Boyce J K. A Chinese Sky Trust? Distributional Impacts of Carbon Charges and Revenue Recycling in China [J]. Energy Policy, 2007, 35 (3): 1771 –1784.

[99] Bureau B. Distributional Effects of a Carbon Tax on Car Fuels in France [J]. Energy Economics, 2011, 33 (1): 121 –130.

[100] Callan T, Lyons S, Scott S, Tol R S, Verde S. The Distributional Implications of a Carbon Tax in Ireland [J]. Energy Policy, 2009, 37 (2): 407 – 412.

[101] Chen Q, Zha D L, Salman M. The Influence of Carbon Tax on CO_2 Rebound Effect and Welfare in Chinese Households [J]. Energy Policy No. 113103, 2022.

[102] Chepeliev M, Osorio-Rodarte I, Mensbrugghe D. Distributional Impacts

of Carbon Pricing Policies under the Paris Agreement: Inter and Intra-Regional Perspectives [J]. Energy Economics, 2021 (102): 1 – 28.

[103] Chiroleu-Assouline M, Fodha M. From Regressive Pollution Taxes to Progression Environmental Tax Reforms [J]. European Economic Review, 2014 (69): 126 – 142.

[104] Cole M A, Elliott R J R. Do Environmental Regulations Influence Trade Patterns? Testing Old and New Trade Theories [J]. The World Economy, 2003 (26): 1163 – 1186.

[105] Coly R. Development and Implementation of the Polluter Pays Principe in International Hazardous Materials Regulation [J]. Environmental Claims Journal, 2012, 24 (1): 33 – 50.

[106] Cornwell A, Creedy J. Carbon Taxation, Prices and Inequality in Australia [J]. Fiscal Studies, 1996, 16 (3): 21 – 38.

[107] Corong E L. Tariff Reductions, Carbon Emissions and Poverty: An Economy-Wide Assessment of the Philippines [J]. ASEAN Economic Bulletin, 2008, 25 (1): 20 – 31.

[108] Creedy J, Sleeman C. Carbon Taxation, Prices and Welfare in New Zealand [J]. Ecological Economics, 2006, 57 (3): 333 – 345.

[109] Cronin J A, Fullerton D, Sexton S E. Vertical and Horizontal Redistributions from a Carbon Tax and Rebate [R]. NBER Working Paper No. 23250, 2017.

[110] Curtis E M. Who Loses under Cap-and-Trade Programs? The Labor Market Effects of the NOx Budget Trading Program [J]. The Review of Economics and Statistics, 2018, 100 (1): 151 – 166.

[111] Dai H C, Xie Y, Liu J Y, Masui T. Aligning Renewable Energy Targets with Carbon Emission Trading to Achieve China's INDCs: A General Equilibrium Assessment [J]. Renewable and Sustainable Energy Reviews, 2018, 82 (3): 4121 – 4131.

[112] Datta A. The Incidence of Fuel Taxation in India [J]. Energy Economics, 2010, 32 (1), S26 – S33.

[113] Diamond J W, Zodrow G R. The Effects of Carbon Tax Policies on the US Economy and the Welfare of Households [R]. The Center on Global Energy Policy, 2018.

［114］ Dissou Y, Siddiqui M S. Can Carbon Taxes be Progressive? ［J］. Energy Economics, 2014, 42 (3): 88 – 100.

［115］ Domguia E N, Pondie T M, Ngounou B A, Nkengfack H. Does Environmental Tax Kill Employment? Evidence from OECD and non-OECD Countries ［J］. Journal of Cleaner Production, 2022, 380 (1): No. 134873.

［116］ Dorband I, Jakob M, Kalkuhl M, Steckel J C. Poverty and Distributional Effects of Carbon Pricing in Low and Middle Income Countries – A Global Comparative Analysis ［J］. Word Development, 2019 (115): 246 – 257.

［117］ Ekins P, Pollitt H, Barton J, Blobel D. The Implications for Households of Environmental Tax Reform (ETR) in Europe ［J］. Ecological Economics, 2011, 70 (12): 2472 – 2485.

［118］ Fankhauser S, Sehlleier F, Stern N. Climate Change, Innovation and Jobs ［J］. Climate Policy, 2008 (8): 421 – 429.

［119］ Farrell N. What Factors Drive Inequalities in Carbon Tax Incidence? Decomposing Socioeconomic Inequalities in Carbon Tax Incidence in Ireland ［J］. Ecological Economics, 2017, 142 (12): 31 – 45.

［120］ Farrell N, Lyons S. Equity Impacts of Energy and Climate Policy: Who is Shouldering the Burden? ［J］. Wiley Interdisciplinary Reviews, 2016, 5 (5): 492 – 509.

［121］ Fæhn T, Yonezawa H. Emission Targets and Coalition Options for a Small, Ambitious Country: An Analysis of Welfare Costs and Distributional Impacts for Norway ［J］. Energy Economics, 2021 (103): No. 105607.

［122］ Feindt S, Kornek U, Labeaga J M, Sterner T, Ward H. Understanding Regressivity: Challenges and Opportunities of European Carbon Pricing ［J］. Energy Policy, 2021 (103): No. 105550.

［123］ Feldstein M S. Distributional Equity and the Optimal Structure of Public Prices ［J］. American Economic Review, 1972, 62 (1): 32 – 36.

［124］ Feng K, Hubacek K, Guan D, Contestabile M, Minx J, Barrett J. Distributional Effects of Climate Change Taxation: The Case of the UK ［J］. Environmental Science & Technology, 2010, 44 (10): 3670 – 3676.

［125］ Flues F, Thomas A. The Distributional Effects of Energy Taxes ［R］. OECD Taxation Working Papers No. 23, 2015.

［126］ Fragkos P, Paroussos L. Employment Creation in EU Related to

Renewables Expansion [J]. Applied Energy, 2018 (230): 935 – 945.

[127] Fremstad A, Paul M. The Impact of a Carbon Tax on Inequality [J]. Ecological Economics, 2019, 163 (C): 88 – 97.

[128] Fried S, Novan K. Recycling Carbon Tax Revenue to Maximize Welfare [R]. Finance and Economics Discussion Series 2021 – 2023. Washington: Board of Governors of the Federal Reserve System, 2021.

[129] Fullerton D. Distributional Effects of Environmental and Energy Policy: An Introduction [R]. NBER Working Paper No. 14241, 2008.

[130] Fullerton D. Six Distributional Effects of Environmental Policy [R]. NBER Working Paper No. 16703, 2011.

[131] Fullerton D, Heutel G. The General Equilibrium Incidence of Environmental Taxes [J]. Journal of Public Economics, 2009, 91 (4): 571 – 591.

[132] Fullerton D, Metcalf G. Handbook of Public Economics [M]. eds: A. Auerbach and M. Feldstein, Amsterdam: Elsevier, 2002.

[133] Fullerton D, Monti H. Can Pollution Tax Rebates Protect Low-wage Earners? [J]. Journal of Environmental Economics Management, 2013, 66 (3): 539 – 553.

[134] Fullerton D, Muehlegger E. Who Bears the Economic Costs of Environmental Regulations? [R]. NBER Working Paper Series, No. 23677, 2017.

[135] Garaffa R, Cunha B S L, Cruz T, Bezerra P, Lucena A F P, Gurgel A C. Distributional Effects of Carbon Pricing in Brazil under the Paris Agreement [J]. Energy Economics, 2021 (101): 105396.

[136] Gonzalea F. Distributional Effects of Carbon Taxes: The Case of Mexico [J]. Energy Economic, 2012, 34 (6): 2102 – 2115.

[137] Goulder L H. Environmental Taxation and the Double Dividend: A Reader's Guide [J]. International Tax and Public Finance, 1995, 2 (2): 157 – 183.

[138] Goulder L H, Hafstead M A C, Kim G, Long X L. Impacts of a Carbon Tax Across US Household Income Groups: What Are the Equity-Efficiency Trade-Offs? [J]. Journal of Public Economics, 2019, 175 (7): 44 – 64.

[139] Grainger C A, Kolstad C D. Who Pays a Price on Carbon [J]. Environmental Resource Economics, 2010 (46): 359 – 376.

[140] Guo Y Y, Lin J X, Lin S M. The Distribution Effects of a Carbon Tax on Urban and Rual Households in China [J]. Sustainability, 2022, 14 (13): 7735.

[141] Harberger A C. The Incidence of the Corporation Income Tax [J]. Journal of Political Economy, 1962, 70 (3): 215 –240.

[142] Hassett K A, Mathur A, Metcalf G E. The Incidence of a U. S. Carbon Tax: A Lifetime and Regional Analysis [R]. NBER Working Paper, No. 13554, 2007.

[143] Hettige H, Lucas B E R, Wheeler D. The Toxic Intensity of Industrial Production: Global Patterns, Trends, and Trade Policy [J]. American Economic Review, 1992, 82 (2): 478 –481.

[144] Heyman F, Sjöholm F, Tingvall P G. Is There Really a Foreign Ownership Wage Premium? Evidence from Matched Employer-Employee Data [J]. Journal of International Economics, 2007 (73): 355 –376.

[145] Hicks J R, Allen R G D. A Reconsideration of the Theory of Value. Part II. A Mathematical Theory of Individual Demand Function [J]. Economica, 1934, 1 (2): 196 –219.

[146] Hindriks J, Myles G D. Intermediate Public Economics [M]. Cambridge: The MIT Press, 2006.

[147] Jacobs B, van der Ploeg F. Redistribution and Pollution Taxes with Non-Linear Engel Curves [J]. Journal of Environmental Economics and Management, 2019 (95): 198 –226.

[148] Jia Z J, Wen S Y, Liu Y. China's Urban-Rural Inequality Caused by Carbon Neutrality: A Perspective from Carbon Footprint and Decomposed Social Welfare [J]. Energy Economics, 2022 (113): No. 106193.

[149] Jiang Z, Shao S. Distributional Effects of a Carbon Tax on Chinese Households: A Case of Shanghai [J]. Energy Policy, 2014 (73): 269 –277.

[150] Jiang Z J, Ouyang X L. Analysis the Distributional Effects of Fuel Taxation in China [J]. Energy Efficiency, 2017 (10): 1235 –1251.

[151] Jorgenson D W, Goettle R J, Ho M S, Wilcoxen P J. The Welfare Consequences of Taxing Carbon [J]. Climate Change Economics, 2018, 9 (1): 1 –39.

[152] Kakwani N C. Measurement of Tax Progressivity: An International

Comparison [J]. The Economic Journal, 1977, 87 (345): 71 – 80.

[153] Kharas H. The Emerging Middle Class in Developing Countries [R]. OECD Development Centre Working Paper No. 285, 2010.

[154] Kerkhof A, Moll H C, Drissen E, Wilting H C. Taxation of Multiple Greenhouse Gases and the Effects on Income Distribution [J]. Ecological Economics, 2008, 67 (2): 318 – 326.

[155] Klenert D, Mattauch L. How to Make a Carbon Tax Reform Progressive: The Role of Subsistence Consumption [J]. Economics Letters, 2016, 138 (1): 100 – 103.

[156] Kosonen K, Nicodeme G. The Role of Fiscal Instruments in Environmental Policy [R]. CESifo Working Paper Series No. 2719, 2009.

[157] KosonenK. Handbook of Research on Environmental Taxation [M]. eds: Milne J and Andersen M S, Cheltenham: Edward Elgar, 2012.

[158] Krass D, Nedorezov T, Ovchinnikov A. Environmental Taxes and the Choice of Green Technology [J]. Production and Operations Management, 2013, 22 (5): 1035 – 1055.

[159] Kuminoff N V, Schoellman T, Timmins C. Environmental Regulations and the Welfare Effects of Job Layoffs in the United Sates: A Spatial Approach [J]. Review of Environmental Economics and Policy, 2015, 9 (2): 198 – 218.

[160] Labandeira X, Labeaga J M. Combining Input-Output Analysis and Micro-Simulation to Assess the Effects of Carbon Taxation on Spanish Households [J]. Fiscal Studies, 1999, 20 (3): 305 – 320.

[161] Lambert P J. The Distribution and Redistribution of Income [M]. Manchester: Manchester University Press, 3rd ed, 2001.

[162] Liu Y, Lu Y. The Economic Impact of Different Carbon Tax Revenue Recycling Schemes in China: A Model-Based Scenario Analysis [J]. Applied Energy, 2015, 141 (3): 96 – 105.

[163] Lustig N. Estimating the Impact of Fiscal Policy on Inequality and Poverty [M]. Washington: Brookings Institution Press, 2018.

[164] Maestre-Andrés S, Drews S, van den Bergh J. Perceived Fairness and Public Acceptability of Carbon Pricing : A Review of the Literature [J]. Climate Policy, 2019, 19 (9): 1186 – 1204.

[165] Mathur A, Morris A C. Distributional Effects of a Carbon Tax in Broader

U. S. Fiscal Reform [J]. Energy Policy, 2014, 66 (3): 326 - 334.

[166] Mclnnes G. Understanding the Distributional and Household Effects of the Low-Carbon Transition in G20 Countries [R]. Paris: OECD Publishing, 2017.

[167] Moshiri S, Aliyev K. Rebound Effect of Efficiency Improvement in Passenger Cars on Gasoline Consumption in Canada [J]. Ecological Economics, 2017, 131 (1): 330 - 341.

[168] Okonkwo J U. Welfare Effects of Carbon Taxation on South African Households [J]. Energy Economics, 2021, 96 (4): No. 104903.

[169] Oueslati W, Zipperer V, Rousselière D, Dimitropoulos A. Energy Taxes, Reforms and Income Inequality: An Empirical Cross-Country Analysis [J]. International Economics, 2017 (150): 80 - 95.

[170] Parry I W H. Are Emissions Permits Regressive? [J]. Journal of Environmental Economics and Management, 2004 (47): 364 - 387.

[171] Perrier Q, Quirion P. How Shifting Investment Towards Low-Carbon Sectors Impacts Employment: Three Determinants Under Scrutiny [J]. Energy Economics, 2018, 75 (9): 464 - 483.

[172] Poterba J M. Is the Gasoline Tax Regressive? [J]. Tax Policy and The Economy, 1991 (5): 145 - 164.

[173] Rausch S, Metcalf G E, Reilly J M. Distributional Impacts of Carbon Pricing: A General Equilibrium Approach with Micro-Data for Households [J]. Energy Economics, 2011, 33 (1): S20 - S33.

[174] Rausch S, Schwarz G A. Household Heterogeneity, Aggregation, and the Distributional Impacts of Environmental Taxes [J]. Journal of Public Economics, 2016, 138 (6): 43 - 57.

[175] Raz G, Ovchinnikov A. Coordinating Pricing and Supply of Public Interest Goods Using Government Rebates and Subsidies [J]. IEEE Transactions on Engineering Management, 2015, 62 (1): 65 - 79.

[176] Renner S, Lay J, Greve H. Household Welfare and CO_2 Emission Impacts of Energy and Carbon Tax in Mexico [J]. Energy Economics, 2018, 72 (5): 222 - 235.

[177] Qin P, Chen P L, Zhang X B Xie, L Y. Coal Taxation Reform in China and its Distributional Effects on Residential Consumers [J]. Energy Policy, 2020 (139): No. 111366.

[178] Saelim S. Carbon Tax Incidence on Household Demand: Effects on Welfare, Income Inequality and Poverty Incidence in Thailand [J]. Journal of Cleaner Production, 2019, 234 (6): 521 – 533.

[179] Sajeewani D, Siriwardana M, Mcneill J. Household Distributional and Revenue Recycling Effects of the Carbon Price in Australia [J]. Climate Change Economics, 2015, 6 (3): 1550012 – 1 – 1550012 – 23.

[180] Spulber D F. Effluent Regulation and Long-Run Optimality [J]. Journal of Environmental Economics and Management, 1985, 12 (2): 103 – 116.

[181] Stern N. The Theory of Optimal Commodity and Income Taxation: An Introduction [M]. eds: David N. and N. Stern. London: Oxford University Press, 1987.

[182] Sterner T. Distributional Effects of Taxing Transport Fuel [J]. Energy Policy, 2012 (41): 75 – 83.

[183] Sun W, Ueta K. The Distributional Effects of a China Carbon Tax: A Rural-Urban Assessment [J]. Kyoto University Economic Review, 2011 (80): 188 – 206.

[184] Symons E, Proops J, Gay P. Carbon Taxes, Consumer Demand and Carbon Dioxide Emissions: A Simulation Analysis for the UK [J]. Fiscal Studies, 1994, 15 (2): 19 – 43.

[185] Tiezzi S. The Welfare Effects and the Distributive Impact of Carbon Taxation on Italian Households [J]. Energy Policy, 2005 (33): 1597 – 1612.

[186] Tol R S. Targets for Global Climate Policy: An Overview [J]. Journal of Economic Dynamics Control, 2013, 37 (5): 911 – 928.

[187] Tone K. A Slacks-Based Measure of Super-Efficiency in Data Envelopment Analysis [J]. European Journal of Operational Research, 2002, 143 (1): 32 – 41.

[188] Tovar Reaños M, Lynch M A. Carbon Taxation in Ireland: Distributional Effects of Revenue Recycling Policies [R]. ESRI QEC Special Article, 2019.

[189] van den Bergh J, Botzen W J W. Monetary Valuation of the Social Cost of CO_2 Emissions: A Critical Survey [J]. Ecological Economics, 2015, 114 (6): 33 – 46.

[190] Vandyck T, Weitzel M, Wojtowicz K, Santos L R L, Maftei A, Riscado S. Climate Policy Design, Competitiveness and Income Distribution: A Macro-Micro Assessment for 11 EU Countries [J]. Energy Economics, 2021

（103）：No. 105538.

［191］Wang Q, Hubacek K, et al. Distributional Effects of Carbon Taxation ［J］. Applied Energy, 2016, 184（12）：1123 - 1131.

［192］West S E, Williams R C. Estimates from a Consumer Demand System：Implications for the Incidence of Environmental Taxes ［R］. NBER Working Paper No. 9152, 2002.

［193］Wier M, Birr-Pedersen K, Jacobsen H K, Klok J. Are CO_2 Taxes Regressive? Evidence from the Danish Experience ［J］. Ecological Economics, 2005（52）：239 - 251.

［194］Williams Ⅲ R, Gordon H, Burtraw D, Carbone J C, Morgenstern R D. The Initial Incidence of a Carbon Tax across Income Groups ［J］. National Tax Journal, 2015, 68（1）：195 - 214.

［195］Wu L B, Zhang S S, Qian H Q. Distributional Effects of China's National Emissions Trading Scheme with an Emphasis on Sectoral Coverage and Revenue Recycling ［J］. Energy Economics, 2022（105）：No. 105770.

［196］Yan J, Yang J. Carbon Pricing and Income Inequality：A Case Study of Guangdong Province, China ［J］. Journal of Cleaner Production, 2021（296）：No. 126491.

［197］Yang M H, Chen H, Long R Y, Yang J H. The Impact of Different Regulation Policies on Promoting Green Consumption Behavior Based on Social Network Modeling ［J］. Sustainable Production and Consumption, 2022（32）：468 - 478.

［198］Yip C M. On the Labor Market Consequences of Environmental Taxes ［J］. Journal of Environmental Economics and Management, 2018, 89（4）：136 - 152.

［199］Yue T, Long R, Liu J, Liu H, Chen H. Empirical Study on Household's Energy-Conservation Behavior of Jiangsu Province in China：The Role of Policies and Behavior Result ［J］. International Journal of Environmental Research and Public Health, 2019, 16（6）：1 - 16.

［200］Yusuf A A, Resosudarmo B P. On the Distributional Effect of Carbon Tax in Developing Countries：The Case of Indonesia ［R］. Working Paper in Economics and Develpoment Studies, No. 200705, 2007.

［201］Yusuf A A, Resosudarmo B P. Mitigating Distributional Impact of Fuel Pricing Reform：The Indonesian Experience ［J］. ASEAN Economic Bulletin,

2008, 25 (1): 32 – 47.

[202] Yusuf A A, Resosudarmo B P. On the Distributional Impact of a Carbon Tax in Developing Countries: The Case of Indonesia [J]. Environmental Economics and Policy Studies, 2015 (17): 131 – 156.

[203] Zhang J Y, Cross M L. Carbon Policies, Fossil Fuel Price, and the Impact on Employment [J]. Clean Technologies and Environmental Policy, 2020 (22): 1085 – 1095.

[204] Zhao J Y, Zhang N. Environmental Regulation and Labor Market: a Bibliometric Analysis [J]. Environment, Development and Sustainability, 2023 (25): 6095 – 6116.

[205] Zhao Y B, Wang C, Cai W J. Carbon Pricing Policy, Revenue Recycling Schemes, and Income Inequality: A Multi-Regional Dynamic CGE Assessment for China [J]. Resources, Conservation & Recycling, 2022 (181).